C.H.BECK WISSEN

Der Gründungsmythos unseres Kontinents ist unauflöslich mit der sagenumwobenen griechischen Insel Kreta verbunden: In Gestalt eines weißen Stiers entführt der verliebte Göttervater Zeus die phönizische Königstochter *Europa* über das Meer und setzt sie erst wieder an der Küste Kretas ab. Sie gebiert ihm drei Söhne – Minos, Rhadamanthys und Sarpedon –, die ihrerseits als bedeutende Gestalten der griechischen Mythologie auftreten. Vom Namen des Minos, der als König auf Kreta herrscht, leitet sich jener der minoischen Hochkultur ab (3000–1450 v. Chr.), deren reiches archäologisches Erbe noch heute auf Kreta zu bewundern ist. Die Paläste der Minoer werden schließlich von mykenischen Griechen eingenommen. Doch auch ihre Herrschaft versinkt gegen Ende des 2. Jt. v. Chr. in schriftloses Dunkel, ehe sich seit dem 8. Jh. v. Chr. eine neue Kultur in einer Vielzahl von Gemeinden mit differenzierter Gesellschaftsstruktur und bald auch einem entwickelten Rechtswesen herausbildet. Auch wenn die Vorherrschaft einzelner Städte auf Kreta in den folgenden Jahrhunderten mehrfach wechselt und schließlich die Insel unter den Römern – nicht zum ersten und auch nicht zum letzten Mal – zum Objekt einer Fremdherrschaft wird, so bleibt sie doch stets ein bedeutender Faktor der antiken Welt. Kretas wechselvolle Ereignisgeschichte und seine kulturgeschichtliche Vielfalt lässt Angelos Chaniotis in diesem Buch wieder lebendig werden.

Angelos Chaniotis ist Professor für Alte Geschichte am Institute for Advanced Study in Princeton. Bis 2006 lehrte er Alte Geschichte an der Universität Heidelberg.

Angelos Chaniotis

DAS ANTIKE KRETA

C.H.Beck

Mit 2 Karten auf den Umschlaginnenseiten
sowie 15 Abbildungen und 2 Tafeln im Text

1. Auflage. 2004
2., durchgesehene und aktualisierte Auflage. 2014

3., durchgesehene und aktualisierte Auflage. 2020

Originalausgabe

www.chbeck.de
Satz: C.H.Beck.Media.Solutions, Nördlingen
Druck und Bindung: Druckerei C.H.Beck, Nördlingen
Reihengestaltung Umschlag: Uwe Göbel (Original 1995, mit Logo),
Marion Blomeyer (Überarbeitung 2018)
Umschlagabbildung: Knossos, Insel Kreta, Griechenland,
minoischer Palast, um 1900/1700 v. Chr.;
Delphinfresko aus dem Thronsaal der Königin.

Printed in Germany
ISBN 978 3 406 73805 0

myclimate

klimaneutral produziert
www.chbeck.de/nachhaltig

Inhalt

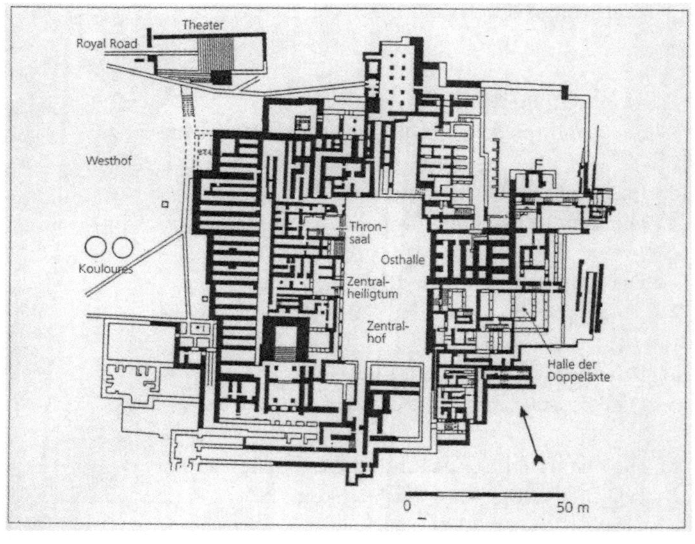

Abb. 1: Grundriss des Palastes von Knossos

Einleitung

Verlieren wir uns in einem großen Gebäude, so sprechen wir in allen europäischen Sprachen von einem Labyrinth; will ein Franzose, Deutscher, Italiener oder Grieche seinen Atem für den bevorstehenden oder erhofften Kuss erfrischen und steckt eine Minze, *ment* oder *menta* in den Mund, so verwendet er ein Wort, das älter ist als die Ankunft der ersten Indogermanen in Europa; kauft er eine Hyazinthe, so nennt er den Namen einer Blume, die seit mindestens viertausend Jahren so heißt. Die ältesten erkennbaren europäischen Wörter hat uns das minoische Kreta vererbt. In diesem selten wahrgenommenen Tatbestand bewahrheitet sich in indirekter Weise ein Gemeinplatz: Kreta ist die Wiege der europäischen Kultur, seine Geschichte ein kleines Paradigma der komplexen Wege europäischer Geschichte. Schon die alten Griechen waren sich der Bedeutung Kretas für ihre Kultur bewusst – bewusster als der moderne Europäer. Auf Kreta war ihr größter Gott, Zeus, geboren worden und gestorben. Den Kretern schrieben sie die Entdeckung vieler kultureller Errungenschaften zu, von der Viehzucht bis zur Metallbearbeitung. Und wenn sie starben, erwarteten sie, dass ein Kreter in der Unterwelt über sie richten würde: Minos oder sein Bruder Rhadamanthys. Kreta hat Platon als Schauplatz seines Dialogs *Nomoi* gewählt, um die Gesetze seines Idealstaates darzustellen.

Den gebildeten Opernfan erinnert Kreta an Mozarts *Idomeneo*. Dem nüchterneren Historiker bietet sich Kreta als der Ort an, an dem man die Vielfalt der Institutionen der Griechen auf engem Raum studieren kann, der Ort mit den fast hundert unabhängigen Stadtstaaten, der Ort, von dem mehr archaische Gesetze erhalten sind als vom restlichen Griechenland zusammengenommen. Schauplatz der griechischen Geschichte sind immer überschaubare Landschaften gewesen, mit ihren geographischen Besonderheiten, kulturellen Grenzen und spezifischen

Eigenschaften, mit ihren Kontinuitäten und Diskontinuitäten. Die Betrachtung des Mikrokosmos einer Region erlaubt uns, die verschiedenen Phänomene in ihrem wechselseitigen Verhältnis besser zu erfassen. Einige griechische Landschaften bieten sich für derartige Untersuchungen an, aber keine andere lässt sich mit Hilfe schriftlicher Quellen seit dem 3. Jt. v. Chr. fast ohne Unterbrechung studieren. Texte in der ägyptischen Hieroglyphenschrift erwähnen eine Insel im «großen grünen Meer», deren Bevölkerung (in der ägyptischen Sprache *Kefti* bzw. *Keftiu*) mit den minoischen Kretern identifiziert wird. Seit dem frühen zweiten Millennium verwenden die Kreter ihre eigene Schrift; die in ihrer letzten Entwicklungsform geschriebenen Dokumente (Linear-B-Schrift) stammen von Sprechern einer frühen Form der griechischen Sprache. Ihre Texte geben uns Informationen über Wirtschaft, Religion, Gesellschaft und Ortsnamen (ca. 1400–1300 v. Chr.). Es folgt eine schriftlose Periode von etwa fünf Jahrhunderten, die aber durch in griechischen Mythen erhaltene Rückerinnerungen und durch schriftliche Quellen aus anderen Gebieten einigermaßen mit Leben gefüllt wird. Die Kreter übernahmen vom Orient die Alphabetschrift um 800 v. Chr., und seither gibt es kontinuierlich schriftliche Zeugnisse. Als Insel im Zentrum des östlichen Mittelmeerraums ist Kreta eine geschlossene geographische Landschaft, von Griechenland, Kleinasien, Zypern und Ägypten aus leicht erreichbar. So ist Kreta bald kosmopolitisch, bald isoliert, mal die größte Macht in der Ägäis, mal vergessen in ihrer Peripherie, bald Initiator großer Innovationen, bald der konservativste Ort, mal als Ort der Gerechtigkeit berühmt, dann wieder als die Insel der Piraten und der Lügner verrufen.

Meine Kollegen Wolf-Dieter Niemeier und Diamantis Panagiotopoulos berieten mich für die Abschnitte über das bronzezeitliche Kreta. Mein Mitarbeiter Volker Schmidt trug wesentlich zur Verbesserung des Textes bei. Die Unterstützung von Dr. Stefan von der Lahr bei der Gestaltung des Manuskripts war unschätzbar. Allen gilt mein herzlicher Dank. Vor allem danke ich Jannis Sakellarakis, der mein wissenschaftliches Interesse an Kreta wie ein Hierophant geweckt hat.

1. «Ein Berg im Meer»: Die geographischen Grundlagen der Geschichte Kretas

Gegensätze charakterisieren das geographische Bild Kretas: Auf der einen Seite liegt die Insel an einer strategisch wichtigen Position im östlichen Mittelmeer; Aristoteles betrachtete diese Lage sogar als eine ideale Voraussetzung für die Ausübung der Herrschaft über alle Griechen. Auf der anderen Seite liegt Kreta jedoch am Rande des Ägäisbeckens, 100 km vom europäischen und 180 km vom asiatischen Festland entfernt, von den Hauptsiedlungsplätzen der Griechen isoliert. Die Kreter hielten sich oft von den wichtigsten Ereignissen der griechischen Geschichte – wie den Perserkriegen, dem Peloponnesischen Krieg, den Feldzügen Alexanders – fern. Kretas relative Isolation wird durch den Mangel an natürlichen Häfen verstärkt. Doch nicht die geographische Lage allein bestimmte die kretische Geschichte. Während die zahlreichen archäologischen und schriftlichen Zeugnisse die intensiven Außenbeziehungen der Kreter in minoischer Zeit (im 2. Jt. v. Chr.) und dann wieder zwischen 900 und 600 verraten, zeigt sich in anderen Perioden der introvertierte Charakter der kretischen Politik, vor allem aber in klassischer und hellenistischer Zeit (ca. 500–67 v. Chr.) mit ihren zahllosen lokalen Konflikten.

Ein weiterer, auch geographisch bedingter Gegensatz Kretas liegt einerseits in der Tendenz zur Einheit und andererseits der Zersplitterung in zahlreiche Gemeinden. Die Tendenz zur Einheit ist der Insel immanent und drückt sich heute noch im ausgeprägten gesamtkretischen Patriotismus aus. Doch eine fast durchlaufende Kette von Bergen teilt die Insel vom Westen nach Osten. Das Bild dieser Insel prägen die Gebirge, die 4281 km² von 8259 km² Gesamtfläche einnehmen. Die Verbindung zwischen den wenigen großen Ebenen, den kleinen Küstenebenen und den für den Ackerbau sehr wichtigen Hochplateaus ist zwar immer möglich, aber die natürlichen Verkehrswege sind häufig schwer begehbar. Selbst während der venezianischen und türkischen Besatzungszeit gab es Landschaften, die wegen ihres gebirgigen Charakters völlig abgeschlossen waren und zum Zufluchtsort aufständischer Kreter wurden, wie etwa das Plateau von Lassithi. Im äußersten Westen Kretas galt die Region von Sphakia gar als das Königreich der schweigsamen Hirten, der unbeugsamen Krieger, der Banditen. Ausgedehnte Siedlungen mit entsprechend ausgedehntem, für den Ackerbau geeignetem Territorium findet man aufgrund des gebirgigen Charakters der Insel selten. In den meisten Gebieten entstanden daher viele kleine Siedlungsräume. Die große Zahl kretischer Siedlungen – politisch selbständig oder nicht – beeindruckte die anderen Griechen so sehr, dass sie seit Homer Kreta als *hekatompolis*, die Insel mit den hundert Städten, bezeichneten. Kreta war ein Paradies der Klein- und Kleinststaaten. So ist Kreta, mit den Worten eines modernen Geographen, R. Matton, gesprochen, ein «Berg im Meer», die Fortsetzung einer Gebirgskette, die die Balkanhalbinsel durchzieht. Meer und Berg bedingten in der historischen Zeit die Wirtschaft und die spezifische Kriegsart der Kreter. Sie waren Seeleute und Highlanders.

Kreta galt im Altertum als eine dicht besiedelte Insel. Die wichtigsten Siedlungen mit dem größten Teil der Bevölkerung befanden sich in der Nähe der wenigen größeren Ebenen (Gortyn, Phaistos, Lyttos) oder der kleinen Küstenebenen (Knossos, Kydonia, Lato), etwa in einer Höhe von ca. 200–400 m, häufig nicht unmittelbar am Meer – wohl aus Sicherheitsgründen. Nur in den Dunklen Jahrhunderten (ca. 1200–900 v. Chr.) kennt man eine große Zahl von Zufluchtsorten in den Bergen (§ 3.3), und wieder zur Zeit der arabischen Angriffe (7.–9. Jh.) beobachtet man einen Rückzug der Bevölkerung ins Innere der Insel. Umgekehrt lässt sich seit dem späten 4. Jh. v. Chr. eine zunehmende Bedeutung der am Meer liegenden Städte beobachten, eine Entwicklung, die mit dem berüchtigten Seeraub der Kreter zusammenhängt. Als Teil des Imperium Romanum erlebte Kreta seit dem späten 1. Jh. v. Chr. eine lange Periode des Friedens und der Sicherheit, die den Siedlungen am Meer größere Bedeutung zukommen ließ. Aber auch wenn die meisten städtischen Zentren verständlicherweise nicht auf den Bergen lagen, bestand ihr Territorium hauptsächlich doch aus gebirgigen Gegenden.

Das Land. Die wirtschaftliche Bedeutung der kretischen Berge hängt mit der wichtigsten Aufgabe der zahlreichen Gemeinwesen Kretas – in der Bronzezeit ebenso wie im Hellenismus – zusammen, nämlich der Gewährleistung ihrer Selbstversorgung. Die Autarkie einer Gemeinde setzt nicht so sehr ein ausgedehntes als vielmehr ein für mehrere Zweige der Landwirtschaft geeignetes Umland voraus. Die kretischen Landschaften bieten an sich diese Vielfalt, und so war die Insel trotz ihres gebirgigen Charakters in bestimmten Perioden für Fruchtbarkeit und Menschenreichtum berühmt. Die Milde des Klimas und der Wasserreichtum sicherten trotz der geringen Ausdehnung der Anbauflächen in der Regel gute Ernteerträge.

Kreta besitzt eine einzige ausgedehnte Ebene, die Mesara, einige kleinere Ebenen, z. B. Kastelli, und etliche Küstenebenen. Zumindest in bestimmten Perioden wurde Getreide auch in den fruchtbaren Hochplateaus (Lassithi, Askyphou, Omalos, Nida) angebaut. Der antike Naturkundler Theophrast (um 300 v. Chr.) berichtet, dass die Insel einst regen- und bevölkerungsreicher war; die Winter waren milder, und so konnte man auch auf den Hochplateaus, z. B. in der Ida-Hochebene (heute Nida), Getreide anbauen, was zu seiner Zeit nicht mehr möglich war. Eine kurzfristige Klimaänderung, vielleicht auch die wachsende Unsicherheit infolge der ständigen Kriege, führte zu einem Rückgang der landwirtschaftlichen Aktivität in den Bergen. Mittels Terrassierung konnte man zudem an den Abhängen der Berge und Hügel Anbauflächen gewinnen. Der Ackerbau wurde auf den Bergen als Mischwirtschaft betrieben – zusammen mit dem Olivenbau (bis zu einer Höhe von 800 m), dem Weinbau (bis zu einer Höhe von 1200 m) und der Haltung von Kleinvieh.

Die Viehzucht nimmt im Wirtschaftsleben der Kreter in jeder Epoche zentrale Bedeutung ein. Wir wissen von Pferdezucht, von Rinder- und Schweineherden, von Ziegenhaltung, vor allem aber von großen Schafherden. Aus Kreta stammt auch die früheste Darstellung eines Hirten mit seiner Herde auf europäischem Boden: Ein Gefäß aus Palaikastron (um 2000 v. Chr.) zeigt einen Hirten, der seine mehr als 200 Schafe hütet. Schafe und Ziegen fanden auf den Bergen vom Spätmärz bis Spätdezember günstige Weideplätze.

Viele Quellen dokumentieren die große Bedeutung der Viehzucht. Eine Verwünschung, die man in kretischen Eiden findet, lautet: «Wenn ich meinen Eid breche, sollen meine Schafe und meine Frau nicht nach den Regeln der Natur gebären.» Aristoteles berichtet, dass die Erträge der Viehzucht eine der wichtigsten Finanzquellen für die gemeinsamen Mahlzeiten der Kreter waren, und kretische Rechtsregeln haben häufig Probleme zum Gegenstand, die mit der Viehzucht zusammenhingen, etwa mit von den Tieren verursachten Schäden, den Grenzen von Weideplätzen, der Vererbung von Herden, den Viehdiebstählen (bis in die jüngste Zeit ein Problem auf Kreta) oder dem Verbot, Herden in heiligen Bezirken zur Weide zu führen. Auch die hellenistischen Staatsverträge befassen sich nicht selten mit dem Phänomen der Transhumanz, der periodischen Wanderung von Schaf- und Ziegenherden von und zu den Weideplätzen auf den Bergen.

Besonders wichtig waren die Nebenprodukte der Viehzucht: Käse, Milch, Joghurt, Speck, Wolle, Ziegenhaut – etwa für die Herstellung der kretischen Schuhe (*opetia*). Vor allem aber war die kretische Webkunst berühmt, die wichtigste Beschäftigung der Frauen und somit ein wichtiger sozialer Faktor. Das Weben war auf Kreta nicht nur wegen des Überflusses an Wolle so bedeutsam, sondern wurde auch vom Vorkommen der Farbstoffe und ihrer natürlichen Grundlagen – vor allem der Purpurschnecken – begünstigt.

Wer heute die kahlen, höchstens mit kargem Gebüsch bedeckten Berge Kretas sieht, dem fällt es schwer, den Angaben der antiken Autoren zu glauben, die, wie etwa der Geograph Strabon, berichten: «Die Insel ist gebirgig und bewaldet.» Und doch, nicht nur die antiken Zeugnisse, sondern auch Quellen und Berichte von Reisenden der frühen Neuzeit lassen keinen

Zweifel daran, dass Kretas Waldbestand (Zypressen, Kiefern und Eichen) bis zur venezianischen Zeit (also dem 17. Jh.) reich war. Der Name des höchsten Gebirges, Ida, soll «der bewaldete Berg» bedeuten, und Platon beschreibt in seinem Dialog «Gesetze» (Nomoi) den Weg von Knossos zur Kultgrotte des Zeus auf dem Berg Ida mit folgenden Worten: «Der Weg von Knossos bis zur Grotte und Kultstätte des Zeus ist lang; es gibt aber genügend Orte auf dem Weg, wo man sich von der Hitze im Schatten der hohen Bäume erholen kann. (...) So lange wir gehen, finden wir auf dem Weg Haine von hohen Zypressen von unbeschreiblicher Schönheit und Wiesen, auf denen wir uns erquicken.» Die Inschriften bestätigen dieses Bild. Wir hören vom Verbot, Holz auf heiligem Land zu fällen, ja sogar von ausgedehnten Wäldern (*drymos*) in einer kaiserzeitlichen Inschrift aus Lyttos. In der Antike war Holz ein lebenswichtiger Rohstoff. Man denke etwa an die hölzernen Säulen öffentlicher Bauten, an Holzbalken in Häusern, an Fenster, Türen, Fußböden und Dächer; das Holz bildete das natürliche Rohmaterial für die Herstellung von Möbeln, Werkzeugen, Waffen, Schreibtafeln und Wagen. Holz war auch der wichtigste Brennstoff zum Heizen und Kochen; und man brauchte Holz für die aufwendigen Scheiterhaufen der adeligen Toten, für die Metallbearbeitung, für die Herstellung von Tongefäßen, für den Schiffbau. Denkt man daran, dass antike Schiffe – bis auf Bronzenägel und Segel – fast ausschließlich aus Holz konstruiert waren, so erkennt man sofort, wie wichtig der Waldbestand für ein Volk von Seefahrern war. Kurz: Die Wälder der kretischen Berge waren eine der wichtigsten Voraussetzungen für die Autarkie der Insel.

Das kretische Holz von Zypresse und Zeder wurde nachweislich bereits vor der römischen Zeit ins Ausland exportiert: in der minoischen Zeit nach Ägypten und im 5. und 4. Jh. v. Chr. nach Delphi, Athen, Epidauros und Delos für die großen Bauprojekte in den dortigen Heiligtümern. Der attische komische Dichter Hermippos bezeichnete das kretische Zypressenholz als das Baumaterial athenischer Tempel par excellence: Aus Ägypten kommen nach Athen Papyrus und Stoffe, Weihrauch aus Syrien, Elfenbein aus Afrika, Rosinen und Feigen aus Rhodos,

Birnen aus Euböa, Sklaven aus Phrygien, Söldner aus Arkadien, «aber das schöne Kreta bringt uns Zypressenholz für die Götter».

Unmittelbar mit den Bergen verbunden ist ein weiterer Zweig der Wirtschaft, die Bienenzucht: Sie war dem Historiker Diodor zufolge eine Erfindung – ebenso wie die Viehzucht – der kretischen Bergdämonen, der Kureten. Die Bienenzucht ist bereits seit der minoischen Zeit gut belegt – so erzählt ein kretischer Mythos, wie Glaukos, der Sohn des mythischen Königs Minos, in einem mit Honig gefüllten Vorratsgefäß ertrank. Der kretische Honig wurde bei der Zubereitung von Speisen verwendet, ferner im Kult und in der Medizin und wurde zumindest in römischer Zeit exportiert, zusammen mit anderen Erzeugnissen der Insel wie etwa Wein und Heilpflanzen.

Das Meer. Die zweite wesentliche naturräumliche Komponente, die das Leben der Kreter bestimmte, war das Meer. Das Meer bedingte die Abgeschlossenheit der Insel und die Entwicklung einer eigenen Kultur, ohne jedoch die Kontakte zum griechischen Festland zu unterbinden. Reisen zu den Inseln der Dodekanes und von dort nach Kleinasien, Zypern, Syrien und Palästina, ferner entlang der syro-palästinischen Küste nach Ägypten, waren seit der frühesten Vorgeschichte möglich, und diese Kontakte verliehen der Kultur und der Bevölkerungsstruktur Kretas ihr internationales Gepräge. Das von Strabon zitierte Sprichwort «der Kreter weiß nichts vom Meer» unterstrich mit Ironie gerade die Tüchtigkeit der Kreter in der Seefahrt. Die minoischen Malereien mit fröhlich springenden Delphinen – vgl. das Umschlagbild dieses Bandes – täuschen manchmal über die Tatsache hinweg, dass das Meer nicht nur der Lebensraum der friedlichen Delphine und der Kommunikationsweg zwischen den Kulturen ist. Ob das Meer Kreta mal isolierte, mal bedrohte und dann wieder mit anderen Regionen verband, hing stets von der allgemeinen politischen Lage im östlichen Mittelmeer ab.

Die Eroberung Kretas durch die Römer (67 v. Chr.) zeigt am deutlichsten die Auswirkung politischer Entwicklungen auf die historische Geographie der Insel. Sie hatte den Zusammenschluss der vielen rivalisierenden und immer in Kriege verwickelten Zwergstaaten zu einer großen politischen Einheit zur Folge: Kreta war jetzt eine Insel im Zentrum des befriedeten östlichen Mittelmeeres. Die Eroberung hatte tief greifende Folgen für die Gesellschaft und Wirtschaft (S. 107–112), die auch in der veränderten Bedeutung der Landschaft zu beobachten sind: etwa in der größeren Bedeutung der Häfen für die Handelsschiffe, in der weiten Streuung von Siedlungen in einer von Kriegen nicht mehr bedrohten Landschaft und in der handelsorientierten Nutzung des Landes.

Die Kreter. Zwei antike Redewendungen charakterisieren die Beziehungen der Kreter untereinander. Die Redewendung *ho Kres ton Kreta* («der Kreter überlistet den Kreter») brachte die Unbeständigkeit ihrer Freundschaften zum Ausdruck (vgl. das moderne Sprichwort *Kritikó ki an kámis fílo, kráta ke kommati xílo*, «wenn du Freundschaft mit einem Kreter schließt, halte am besten auch eine Rute»). Als *synkretismos* («Zusammenschluss aller Kreter») bezeichnete man den geschlossenen Auftritt der Kreter gegenüber den Nichtkretern, das trotz aller Streitigkeiten eintretende Zusammenstehen der Kreter gegen Gefahren von außen. Da eine ernsthafte Bedrohung durch die Außenwelt weder für das klassische noch für das hellenistische Kreta bezeugt werden kann, ist dieser Begriff historisch schwer zu fassen; auch sonst gibt es keine sicheren Zeugnisse von innerkretischen Vereinigungsbestrebungen vor der hellenistischen Zeit. Erst dann wurde ein Bündnis der Kreter (*Koinon ton Kretaieon*, S. 81) gegründet, welches aber nie ein Bündnis *aller* Kreter war. Nur die fremden politischen Theoretiker Platon und Aristoteles verstanden Kreta als eine Einheit hinsichtlich der vorhandenen Institutionen, und die fremden Dichter charakterisierten die Kreter mit stereotypen Bildern: Hirten und Jäger, Liebhaber der Musik, des Tanzes und der Knaben, Krieger und Seeräuber. In historischer Zeit identifizierte sich ein Kreter an erster Stelle mit seiner Rolle als Bürger seines Gemeinwesens, dann als Angehöriger einer Unterabteilung der Bürgerschaft, eines Männerhauses, einer sozialen Schicht, einer Familie. Lediglich im Ausland, wo Kreter seit dem 5. Jh. v. Chr. oft als Söldner dienten, verwendete er die Bezeichnung «Kreter» oft ohne Angabe seiner spezifischen Herkunft. Seine lokale Identität entwickelte sich eher auf der regionalen Ebene durch Teilnahme am Kult von Heiligtümern (Idäische Grotte, Diktynnaion, Heiligtum des Zeus Diktaios in Palaikastro, Heiligtum des Hermes in Simi Viannou). Interessanterweise befanden sich in der Regel solche Kultorte im Gebirge, dort, wo sich die Grenzen mehrerer Gemeinwesen, aber auch die transhumanten Hirten trafen.

Die Identität der Kreter wurde also stärker vom Gebirge als vom Meer geprägt. Sie wählten zuweilen ihre Namen aus dem onomastischen Material, das mit dem Berg zusammenhängt: Oreias («die Tochter des Berges»), Ide, Diktys und Tallaios (nach den gleichnamigen Bergen), Oreichares («die Freude des Berges» oder «Freude am Berg»). Und als die Städte im Gebiet von Sphakia im späten 4. Jh. v. Chr. einen Bundesstaat gründeten, gaben sie ihm den charakteristischen Namen Oreioi, die «Bergleute». Auch die anderen Griechen kamen, wenn sie nach typischen Bildern suchten, um die Kreter zu charakterisieren, immer wieder auf das Bild des *highlander*, des Jägers, des Hirten. In der Topik der Literatur verstecken sich oft längst überholte oder nur zum Teil realitätsnahe Zustände. Euripides ruft die Kreter des Chors seiner gleichnamigen Tragödie als «Söhne des Ida» (*Kretes, Idas tekna*) an, und mit ähnlichen Worten bezeichnet man in Griechenland heute noch die Kreter (*paidiá tou Psiloríti*). Zwischen diesen gleichlautenden Aussagen liegen Jahrhunderte von Veränderungen. Einige von ihnen werden uns in den nächsten Abschnitten näher beschäftigen.

2. Im Morgenlicht der Geschichte: Die minoische Hochkultur (ca. 3000–ca. 1450 v. Chr.)

2.1 Das minoische Kreta: Entdeckung, Erfindung, Erschließung

Der Begriff «minoische Zeit», mit Blick auf das bronzezeitliche Kreta verwendet, leitet sich ab von der mythischen Gestalt des Minos: König von Knossos, Erbauer des Labyrinths und mächtiger Herrscher, der mit seiner Flotte die Inseln zwischen Kreta und dem griechischen Festland beherrscht haben soll. Der Sage nach war er Sieger über Athen und Empfänger eines grausamen Tributs der Besiegten – eines jährlichen Opfers von sieben Jungen und sieben Jungfrauen –, aber auch der Empfänger gerechter, direkt von Zeus gegebener Gesetze und nach seinem Tod Richter in der Unterwelt. In diesen Mythen um Minos spiegelt sich die Rückerinnerung der Griechen an eine legendäre Zeit wider, in der Kreta die größte Macht in der Ägäis war.

Diese Mythen motivierten Altertumsforscher, den Sitz des Minos zu suchen. Der bekannteste unter ihnen war Sir Arthur Evans (1851–1941), der als Ausgräber von Knossos in die Geschichte einging. Allerdings vermuteten bereits venezianische Gelehrte des 16. Jh. die Existenz des antiken Knossos im Dorf Makrítichos («die lange Mauer»), wo sie die mit dem Symbol des Labyrinths geschmückten knossischen Münzen der klassischen Zeit fanden. Die Entdeckung und die erste kleine Ausgrabung des Palastes von Knossos (Westmagazine) im noch von den Türken besetzten Kreta im Jahre 1878 ist die Leistung des Kreters Kalokairinos – ein seltsamer Zufall wollte, dass er mit Vornamen Minos hieß. Erst Evans gelang es aber, ein größeres Gelände zu erwerben und systematische Ausgrabungen durchzuführen, die den größten «Palast» ans Tageslicht förderten. Die großartigen Funde dieses Ortes schrieb Evans einer Kultur zu, die er nach dem legendären König Minos benannte. Seither sprechen wir von der «minoischen Kultur» und von den «Minoern». Wie alle konventionellen Begriffe sind auch diese beiden problematisch. Das bronzezeitliche Kreta stand möglicherweise niemals oder nur sehr kurz unter einheitlicher Verwaltung; es gab kein minoisches Volk, und trotz einiger kultureller Gemeinsamkeiten sowohl in synchronischer wie auch in diachronischer Hinsicht wäre es irreführend, von einer einheitlichen minoischen Kultur für die gesamte Zeitspanne von zwei Jahrtausenden zu sprechen.

Historische Ereignisse in dieser langen Periode sind uns nicht bekannt, sieht man von einer Reihe zerstörerischer Erdbeben und vom Ausbruch des Vulkans von Thera ab. Historische Prozesse können wir nur mit großen Schwierigkeiten rekonstruieren. Es ist vielfach versucht worden, die Zeit zwischen 3000 und 1000 v. Chr. in kürzere Perioden einzuteilen. Maßgeblich waren hierfür die Änderungen der Verzierung auf den tönernen Gefäßen. Wandlungen des Verzierungsstils sind selten geeignet, historische Prozesse hinreichend zu charakterisieren, und für diese knappe Darstellung wollen wir lieber unser Augenmerk auf die großen Etappen richten. Die Datierung der einzelnen Entwicklungsstufen ist in der Forschung umstritten (Taf. 1). Hilfreich bei der Bestimmung der absoluten Chronologie der kretischen Geschichte sind die ägyptischen Wandmalereien, die Kreter in charakteristischer Kleidung zeigen; in datierbaren ägyptischen Siedlungen hat man aus Kreta importierte Artefakte gefunden, anhand derer man ähnliche Funde auf Kreta datieren kann.

Eine erste Zäsur markiert die Entstehung großer administrativer Zentren («Paläste») und die Einführung der Schrift um 2000 v. Chr.; denn beide Entwicklungen implizieren eine grundlegende Veränderung der gemeinschaftlichen Organisation. Die Zerstörung der älteren Paläste durch Erdbeben um 1700 v. Chr. und ihr Wiederaufbau ist archäologisch gesichert. Eine erneute Zerstörung der Paläste (spätestens um 1450 v. Chr.) wurde früher auf den Vulkanausbruch von Thera (Santorin) zurückgeführt. Nach neuen naturwissenschaftlichen Untersuchungen ist der Vulkanausbruch von Thera, eine der größten Naturkatastro-

Frühminoisch I	3100–2700	3100–2700	Vorpalastzeit
Frühminoisch II	2700–2200	2700–2200	
Frühminoisch III	2200–2000	2200–2000	
Mittelminoisch IA/B	2000–1900	2000–1850	Altpalastzeit
Mittelminoisch IIA/B	1900–1750	1850–1700	
Mittelminoisch IIII	1750–1675	1700–1600	Neupalastzeit
Spätminoisch IA	1675–1575	1600–1500	
Spätminoisch IB	1575–1490	1500–1450	
Spätminoisch II	1490–1420	1450–1420	
Spätminoisch IIIA1	1420–1380	1420–1380	
Spätminoisch IIIA2	1380–1330	1380–1300	Endpalastzeit
Spätminoisch IIIB	1330–1200	1330–1200	
Spätminoisch IIIC	1200–1060	1200–1060	Nachpalastzeit
Subminoisch	1060–1000	1050–1000	
	hohe Chronologie	niedrige Chronologie	

Taf. 1: Die hohe und die niedrige Chronologie der minoischen Zeit (nach W.-D. Niemeier in T. Hölscher, Hg., Klassische Archäologie: Grundwissen, Darmstadt 2002, S. 97)

phen des Altertums, jedoch um 1600–1570 v. Chr. zu datieren, und die absolute Chronologie dieser Periode bleibt umstritten.

Eine zweite markante Zäsur bedeutet die Ankunft der ersten Griechen nach der Zerstörung der neuen Paläste und ihre allmähliche Übernahme der Herrschaft über größere Teile Kretas (vielleicht über ganz Kreta). In allen diesen Entwicklungen spielen die Paläste eine zentrale Rolle, und aus diesem Grund ist das zweite Jt. v. Chr. in Altpalastzeit (ca. 2000–1750/1700), Neupalastzeit (ca. 1700–1450), Endpalastzeit in Knossos (ca. 1450–1360) und Nachpalastzeit (ca. 1360–1000) zu teilen.

2.2 Von den ersten Gemeinwesen zur zentralen Verwaltung: der Weg zu den «Palästen»

Das Zusammenleben von Menschen auf Kreta bereits seit ca. 6000 v. Chr. ist durch archäologische Quellen bezeugt. Mit ihren Artefakten – Steinwerkzeugen und handgemachten Gefäßen – unternahmen sie die ersten Versuche, die natürlichen Ressourcen zu sammeln, zu lagern, zu bearbeiten und zu vermehren; ihre bescheidenen Siedlungen stellen die ersten künstlichen Eingriffe in die vielfältige Landschaft der Insel dar; ihre schlichten Statuetten sind stumme Zeugen einer komplexen Ideenwelt. Doch wird diese uns für immer verschlossen bleiben, denn es gibt keine Textzeugnisse, welche die Vorgeschichte Kretas dokumentieren. Weit aussagekräftigere Quellen sind für uns erst aus der Zeit der minoischen Hochkultur greifbar, die sinnbildlich wie ganz real von jenen überdimensionalen Baukomplexen beherrscht wird: den Palästen. Konfrontiert die Funktion dieser Zentren die Forschung immer noch mit ungelösten Rätseln und vermehrt der eher unglücklich gewählte Begriff des «Palastes» die Deutungsprobleme, so bleibt doch die grundlegende und schwierigste Frage, wie es überhaupt zur Entstehung solcher Zentren um 2000 v. Chr. gekommen ist. Um sie einer Klärung näherzubringen, ist ein kurzer Blick auf die Verhältnisse im 3. Jt. erforderlich.

Die Frühbronzezeit wird durch die Entwicklung einer neuen Technologie eingeleitet: der Metallurgie (ca. 3000 v. Chr.). Die Benutzung bronzener Werkzeuge bedeutete eine Verbesserung der landwirtschaftlichen Produktion, welche wiederum ein Bevölkerungswachstum und eine rapide Vermehrung der Siedlungen, vor allem in den Küstenebenen, herbeiführte. Ob diese Entwicklung auch mit der Ankunft neuer Völkergruppen zusammenhängt oder das Ergebnis indigener – also aus Kreta selbst hervorgegangener – Entwicklung war, lässt sich nicht sagen, aber fremde Einflüsse, vor allem aus Ägypten, sind schwer zu leugnen. Auch Beziehungen zu den Inseln der Ägäis und der Austausch von Produkten sind bezeugt.

Die beeindruckenden Erzeugnisse der vorpalastzeitlichen Keramik, der Metallurgie (Goldschmuck) und der Steinbearbeitung (feine Steingefäße, steinerne Siegel), sind das Werk spezialisierter Handwerker. Etwa die Herstellung von eleganten Gefäßen, deren Formen oft metallene Vorbilder imitieren, setzt Kenntnisse über das Vorkommen besonderer Steinsorten, entwickelte Bearbeitungstechniken und einen Kreis von Abnehmern und somit eine elementare Form des Handels voraus. Archäologische Untersuchungen erlauben es uns, einzelne Produktionsstätten zu bestimmen. Ihre Erzeugnisse wurden an bisweilen weit voneinander entfernten Orten gefunden. Wir können zwar nicht sagen, ob dieser Austausch in Form von Geschenken zwischen führenden Personen oder Familien stattfand oder ob der Überschuss der Produkte einer Region mit dem Überschuss einer anderen ausgetauscht wurde, aber Austausch setzt in jedem Fall Reisen und eine Öffnung der kleinen Gemeinwesen zur Außenwelt hin voraus. Einige kretische Produkte wurden auf den Kykladeninseln gefunden, viel größer ist jedoch die Zahl der Importe aus den Kykladen, z.B. Kykladenidole; Importstücke belegen auch Kontakte nach Ägypten, sogar bis hin zum Vorderen Orient.

Die Verbesserung von Wirtschaft und Lebensqualität, aus welcher der Bevölkerungszuwachs resultierte, führte nicht nur zur Entstehung größerer Siedlungen, sondern auch zu komplexeren Formen der sozialen Organisation. Die reichen Bestattungen in manchen Gräbern (Mochlos, Odigitria, Platanos) deuten auf die herausragende Stellung einzelner Familien hin. Ihre Mitglieder waren nicht nur vermögender als die übrige Bevölkerung, sie besaßen auch symbolisches Kapital: Sie verwendeten Siegel, die zwar primär den praktischen Zweck erfüllten, die Gefäße, die den wertvollen Ertrag der Erde enthielten (Wein, Öl, Oliven, Hülsenfrüchte oder Getreide), zu versiegeln. Aber darüber hinaus besaßen diese Siegel als Identitätszeichen einer Person oder einer Familie auch einen symbolischen Wert.

Die meisten Siedlungen dieser Zeit waren kleine Dörfer; sie bestanden aus wenigen Haushalten (5–8 Familien, also etwa 25–50 Personen), deren Mitglieder in eng aneinandergerückten Häusern wohnten. In der Siedlung von Phournou Korphi etwa bildeten die Außenmauern der Häuser eine geschlossene Befestigungsfassade. Die Versorgung dieser Siedlungen sicherte eine gemischte Landwirtschaft, die auf die Produktion der lebenswichtigen Nahrungsmittel – Gerste, Weizen, Olivenöl und Wein – abzielte; Schafe, Ziegen, Rinder und Schweine wurden in kleinen Herden gezüchtet; hinzu kamen Fischfang und Jagd.

In dieser Zeit entwickelte sich auch eine religiöse Ideenwelt, vor allem Jenseitsvorstellungen. Die Pflege der Toten setzt den Glauben an eine Existenz nach dem Tod voraus, möglicherweise auch eine Einflussnahme der Verstorbenen auf das Schicksal der Lebenden. Die Toten wurden zusammen mit Grabbeigaben (Nahrungsmittel und persönlicher Besitz) in großen Vorratsgefäßen oder Sarkophagen aus Ton bestattet, die in überirdische Grabbauten, Kuppelgräber oder rechteckige Grabhäuser gelegt wurden. Solche Grabbauten wurden vielleicht als Häuser aufgefasst, die der Tote bis zur Verwesung des Leichnams und der endgültigen Reise ins Jenseits vorübergehend bewohnte. Danach wurden die Skelettreste, die man nicht mehr mit der Person des Toten identifizierte, beiseitegeräumt. Neben den Ritualen in den Nekropolen pflegte man auch kultische Aktivitäten wie blutige Tieropfer und brachte den Göttern Weihgeschenke dar.

Am Ende des 3. Jt. findet man Siedlungen mit komplexeren wirtschaftlichen und gesellschaftlichen Strukturen, einer spezialisierten Produktion und sozialen Hierarchien. Hier sind auch die Anfänge einer Verwaltung zu suchen, die zur Entstehung jener großen administrativen Zentren führte, die wir konventionell als Paläste bezeichnen.

Mit dem Begriff des Palastes assoziieren wir üblicherweise die Residenz eines Monarchen. Nichts berechtigt uns, in diesem Sinne auch von kretischen Palästen zu sprechen. Als Paläste werden auf Kreta große Gebäudekomplexe bezeichnet, die in ihrer architektonischen Gestaltung einem einheitlichen Schema folgen (Abb. 1). Alle hatten die gleiche Nord-Süd-Orientierung; alle besaßen einen zentralen Hof, Vorratsräume im Westflügel, Wohn- und Kulträume sowie Verwaltungsstellen und Werkstätten in den anderen Flügeln. Sie waren mehrstöckig, aber nicht befestigt. Lange Prozessionswege, Korridore und Treppen verbanden die einzelnen Bereiche miteinander. Lange Zeit vertrat man in der Forschung die Vorstellung von einem zentralen Palast in Knossos, Hauptresidenz des minoischen Herrschers, und eines zweiten kleineren, abhängigen Zentrums in Phaistos. Nachdem aber eine ganze Zahl weiterer Paläste – oder palastähnlicher Verwaltungszentren – entdeckt wurde, musste man diese Auffassung aufgeben und von regionalen Zentren sprechen, die vielfach in Beziehungen zueinander standen. Heute kennen wir neben den beiden großen Palästen in Knossos und Phaistos den Palast von Mallia an der Nordküste, den kleinen Palast von Zakros an der Ostküste, jenen von Archanes, nur wenige Kilometer südlich von Knossos, und vier erst jüngst entdeckte kleinere Palastkomplexe in Galatas, Petras Sitias, Monastiraki und wahrscheinlich Zominthos. Ein zentrales Gebäude in der Stadt Gournia (Ostkreta) ähnelt in seiner Anlage einem Palast von kleinen Dimensionen und wird als Sitz der lokalen Verwaltung gedeutet. Die architektonische Form des Palastes ist wohl nicht von den hohen Kulturen Ägyptens oder des Vorderen Orients beeinflusst, sondern stellt das Ergebnis einer innerkretischen Entwicklung dar. Die ersten Paläste wurden etwa gleichzeitig (2000 v. Chr.) in Knossos, Phaistos und Zakros erbaut. Es werden wohl allenthalben ähnliche Bedürfnisse gewesen sein, die den Bau solcher Komplexe motivierten: die Sammlung, zentrale Lagerung und Wiederverteilung von Produktionsüberschüssen in einer immer komplexer werdenden Gesellschaft.

Wie mag es zur Entstehung der Palaststruktur mit ihren weitreichenden Folgen für Herrschaft und Gesellschaft gekommen sein? In der materiellen Hinterlassenschaft der Vorpalastzeit erkennen wir deutliche Anzeichen für die Herausbildung einer Hierarchie und somit einer Elite. Hierarchische Strukturen sind sowohl in den Abhängigkeitsverhältnissen zwischen zentralen Orten und kleinen Dörfern zu erkennen, als auch im Verhältnis zwischen jenen Personen, die Güter mit einem symbolischen Wert besaßen, und jenen, die sie herstellten. Man kann vermuten, dass die Elite der Vorpalastzeit ihre höhere Position im Hinblick auf das beanspruchte, was sie und nur sie besaß. Dieser entscheidende zusätzliche Besitz der Elite war vor allem der Besitz von fruchtbarem Land und demzufolge die ertragreichere Produktion; man kann aber auch an die Beherrschung einer innovativen Technologie, an den Besitz von Waffen, oder ihr zugesprochene Fähigkeiten denken, z.B. mit den Göttern oder übermenschlichen Kräften in Kontakt zu treten. Demnach war die Elite dieser frühen Zeit eine Elite von Produzenten, Kriegern und Priestern. Durch die Intensivierung der Kontakte zu anderen Siedlungen traten immer größere Gruppen von Menschen in ihre Abhängigkeit: Sie benötigten Schutz, Nahrungsmittel in Phasen der Knappheit und Fürbitter bei den Göttern. Die gehobene Position der Elite musste natürlich auch nach außen hin repräsentiert werden, etwa mit Luxusgegenständen, Ritualen, Kleidung und besonderer Architektur. Kleine oder größere Gruppen von Menschen wurden aus der landwirtschaftlichen Produktion ausgegliedert, um Luxusgegenstände und andere Statussymbole herzustellen; für ihren Unterhalt wurde ein Teil des Überschusses an agrarischer Produktion verwendet; der überschüssige Ertrag musste gesammelt, registriert, gelagert und verteilt werden: an die spezialisierten Handwerker für ihre Arbeit und an die ärmere Bevölkerung in Zeiten der schlechten Ernte.

Gemeinden, die an Subsistenzwirtschaft – Selbstversorgung – orientiert sind, werden von ständigen Gefahren bedroht: vom Ausfall der Produktion durch ungünstige Wetterbedingungen, eine Epidemie, kriegerische Auseinandersetzungen, plötzliches Bevölkerungswachstum, eine Naturkatastrophe. Die kleineren Gemeinden sind dann auf die Unterstützung einer hierarchisch höher gestellten Siedlung angewiesen, von der sie Nahrungsmittel erhalten konnten. Diese Unterstützung bekam eine Gemeinde nur, wenn der Nachbar nicht von der gleichen Krise betroffen war, wenn er Überschuss produziert hatte und wenn er bereit war, etwas von diesem Überschuss gegen eine andere Leistung abzugeben. Da man auf Kreta diese Erfahrung wiederholt machen musste, war man wahrscheinlich zu der Einsicht gelangt, dass eine bessere Organisation der Wirtschaft eine sichere Existenz gewährleistete. Das mag eine Erklärung sein für die Entstehung der Paläste als Stätten einer zentralen Organisation der Wirtschaft. Diese Erklärung ist hypothetisch, aber analoge Phänomene erklären z. B. die Entstehung einer zentralen Herrschaft im pharaonischen Ägypten.

2.3 Das palastzeitliche Kreta: Verwaltung – Gesellschaft – Kultur – Religion

Die ersten Paläste wurden primär als Verwaltungszentren einer Elite gebaut, die über Macht, Reichtum und symbolisches Kapital verfügte. Zeichen dafür, dass ihre Herrschaft nicht freiwillig akzeptiert wurde, fehlen. Als komplexe Bauten sind die Paläste das Ergebnis gemeinsamer Anstrengungen von Hunderten von Menschen, die während dieser Tätigkeit nicht als Bauern, Hirten oder Fischer tätig sein konnten, also von anderen ernährt werden mussten. Das wichtigste symbolische Kapital der Elite liegt im religiösen Bereich, in der Rolle des Vermittlers zwischen menschlichen Anliegen und göttlicher Macht. Die minoischen Paläste waren Orte religiöser Rituale; sie wurden durchgeführt in ihren Zentralhöfen, in Räumen für rituelle Waschungen, auf den langen Prozessionswegen, deren Wandmalereien noch heute den Besucher an diese Funktion erinnern. Religion und Wirtschaft waren in einer Zeit, in der Erfolg und Überleben der Wirkungsmacht übermenschlicher Kräfte zugeschrieben wurden, aufs Engste miteinander verbunden.

Die komplexe Verwaltung der Produktion und der Arbeitskräfte funktionierte in allen frühen Kulturen nur im Wege schriftlicher Dokumentation der Lagerhaltung, und so erscheinen nun folgerichtig auch auf Kreta die ersten schriftlichen Dokumente. Für die einfachsten Dokumentationsbedürfnisse reichen einfache Striche als Elemente eines Zahlensystems und Bilder (Piktogramme) als Symbole aus; in weiteren Phasen der Schriftentwicklung stehen die Zeichen nicht nur für Gegenstände, sondern auch für Begriffe (Ideogramme), für Silben (syllabische Schrift) und für einen einzigen Laut (Alphabet). Die Zeichen werden von Bildern zu einfachen linearen Zeichen und erhalten einen phonetischen Wert, der mit dem ursprünglich dargestellten Gegenstand nichts mehr zu tun hat. Die Abfolge von Zeichen wird zu einer Abfolge von Lauten, die gelesen werden können. Ein sehr rudimentäres Schriftsystem existierte auf Kreta bereits in der letzten Phase der Vorpalastzeit (Archanes-Schrift). Auf etwa 15 Siegelsteinen, die auf dem Friedhof von Archanes gefunden wurden, erscheinen rund zehn verschiedene schriftartige Zeichen in bestimmten Kombinationen. Um 2000 v. Chr. ist unter ägyptischem Einfluss eine hoch entwickelte – noch unentzifferte – hieroglyphische Schrift mit 96 Silbenzeichen und 32 Ideogrammen eingeführt worden. Noch während der Altpalastzeit wurde sie weitgehend von einer weiterentwickelten Form verdrängt, die für die Repräsentation von Lautwerten ca. 70 lineare Zeichen statt Bilder bereithielt (Linear-A-Schrift). Wir besitzen heute etwa 1400 Texte, die jedoch bisher unentziffert geblieben sind, ebenso wie die Schrift des Diskos von Phaistos (Abb. 2). Bei diesem einmaligen Fund (um 1750 v. Chr.) handelt es sich um eine beidseitig beschriebene Tonscheibe mit insgesamt 242 eingestempelten Piktogrammen. Für jedes Zeichen wurden Stempel hergestellt, die dann in den Ton eingepresst wurden. Somit ist der Diskos von Phaistos das erste gedruckte Schriftzeugnis. Alles, was diesen Diskos betrifft, ist umstritten: die Richtung der Schrift, die Herkunft, die Sprache, der Inhalt. Da einige Zeichen Ähnlichkeiten mit Zeichen der Linear-A-Schrift aufweisen, handelt es sich vielleicht um eine Art «Schriftexperiment», das aus irgendeinem Grund aufgegeben wurde.

Schrift ist stets ein Merkmal einer hoch entwickelten Kultur, und somit sind die minoischen Paläste die ersten Träger einer hohen Kultur auf europäischem Boden. Die bestbekannten Erzeugnisse dieser Kultur sind ihre Kunstwerke: Werke der Architektur und Gefäße, Wandmalereien und Schmuck. Die minoische Architektur ist vor allem durch die Ausgrabungen der Paläste und der Villen bekannt. Was man nicht auf den ersten Blick erkennt, sind ihre mathematischen und technischen Grundlagen: die Existenz eines einheitlichen Maßes (des «minoischen Fußes» von 30,36 cm), die speziellen Werkzeuge für die Bearbeitung der großen Steinblöcke, die Gewinnung und Bearbeitung von Holz für Türpfosten, Säulen und lange Balken, die ganz konkrete

Abb. 2: Der Diskos von Phaistos

Planung der labyrinthartigen Grundrisse mit dem Ziel, Funktionalität der Räume und Ästhetik zu verbinden. Mit der rhythmischen Abfolge von Säulen und Pfeilern in den Hallen, mit der Öffnung von Türen an Stellen, die den Besucher eines Gebäudes zu überraschenden Wenden zwingen, mit dem Spiel von Licht und Schatten, das Lichtschächte, Fenster und zahllose Öllampen hervorbrachten, sowie dank der Wandmalereien erscheinen die Bauten der Elite gleichzeitig als technische und künstlerische Leistungen. Auch die minoische Keramik ruft durch technisches Können, eine phantasievolle Gestaltung der Gefäßformen und die unüberschaubare Freude an Bewegung und Farbe Bewunderung hervor und lässt ein Gefühl von der Lebens- und Naturfreude der Kreter erahnen – so etwa die Vasen des Kamares-Stils, deren dünne Wände an Eierschalen erinnern und deren schwarze, rote und weiße Verzierung mit Pflanzenmotiven uns einen Eindruck von den nicht mehr erhaltenen Erzeugnissen der damaligen Webkunst vermitteln. Kamares-Keramik wurde als Luxusware auch nach Ägypten exportiert.

Die minoische Kunst zeichnet sich nicht primär durch Monumentalität und übermenschliche Dimensionen aus, sondern durch Interesse für Details, die man einst durch genaue Beobachtung des Lebens und der Natur entdeckte. Die Kombination von technischem Können, Phantasie und Mut, mit neuen Formen zu experimentieren, die Töpferkunst und Architektur charakterisieren, stellt man auch in der Kunst der kretischen Goldschmiede fest. Nachdem die wichtigsten Techniken von Ägypten und Syrien übernommen worden waren – z. T. bereits in der Vorpalastzeit –, fanden sie in Kreta Anwendung bei der Herstellung von Diademen, Siegelringen, Amuletten und Anhängern. Eines der berühmtesten Kunstwerke minoischer Kunst, der Bienenanhänger von Mallia (Abb. 3), zeigt eine gewagte und einmalige Komposition: Zwei Bienen umkreisen eine Honigwabe und lassen einen Honigtropfen in sie hineinfallen. Man bewundert die Beobachtungsgabe des anonymen Goldschmiedes, seine Liebe zum Detail, seinen Mut, eine unscheinbare Szene des Insektenlebens geschickt zu einer symmetrischen, kunstvollen Komposition zu gestalten; andererseits beeindruckt die Anwendung von Techniken wie die Filigranarbeit (Verwendung von dünnen Golddrähten) und die Granulation (Anbringen von feinen Goldkügelchen auf Gold).

Die Bearbeitung von Stein war bereits in der Vorpalastzeit hoch entwickelt und lässt sich an Gefäßen beobachten, die metallene Vorbilder nachahmen sollen und deren natürliche Farben geschickt zu Ornamenten umgeformt werden. Die Siegelsteine der Palastzeit, die nicht nur abstrakte, lineare Motive aufweisen, sondern auch bildliche Darstellungen (wilde Tiere, Kult- und Alltagsszenen, Gottheiten) auf kleinstem Raum von 3–4 Quadratzentimetern zeigen, liefern einen unvorstellbaren Reichtum

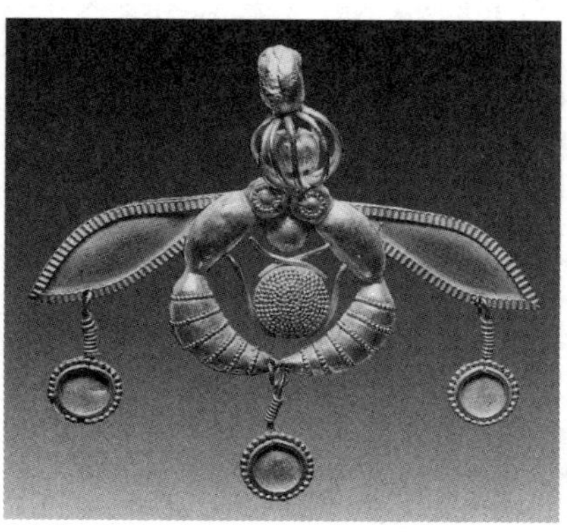

Abb. 3: Der Bienenanhänger von Mallia

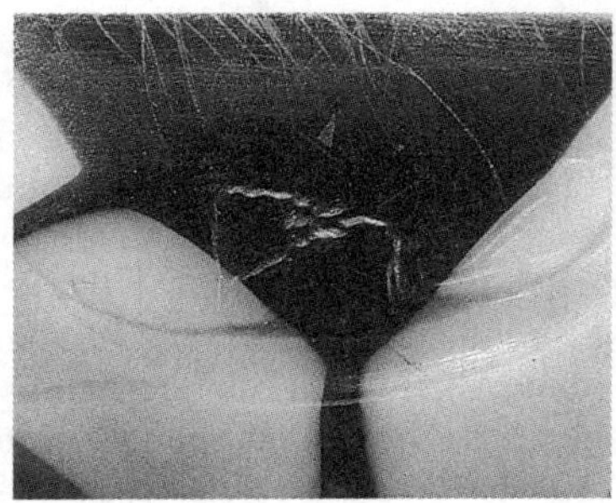

Abb. 4: Achatsiegel eines Priesters aus Anemospilia (Archanes) mit der Darstellung eines rudernden Mannes

an Informationen über die Ideenwelt der Kreter. Das in Anemospilia gefundene Achatsiegel eines Priesters (Abb. 4) war z.B. so geschnitten, dass die natürlichen Farben des Steins schwarz und weiß eine symmetrische Bühne für das Hauptbild darstellen: Ein Mann steht in einem Boot und rudert; den Kopf und das Volumen der Muskeln ahnt man nur, aber die Überspannung des gebeugten Körpers und die ausgestreckten Arme, die mit dem Ruder ein Dreieck bilden, zeigen deutlich die Anstrengung. So sparsam und gleichzeitig effektvoll wie die Darstellung des Mannes ist auch das ganze Bild: eine Bewegung zwischen Licht und Schatten, Tag und Nacht, vielleicht Leben und Tod.

Der kulturelle Aufschwung der Palastzeit setzte also eine technische und handwerkliche Spezialisierung voraus, die durch die Koordination vielfältiger wirtschaftlicher Tätigkeiten ermöglicht wurde. Die größte Rolle in der Wirtschaft spielte freilich nach wie vor die landwirtschaftliche Produktion. Der Überschuss wurde in den riesigen Lagerräumen der Paläste in großen Vorratsgefäßen gelagert. Der regionalen Erschließung von Ressourcen dienten regionale Zentren (z.B. Monastiraki, Tylissos, Zominthos), Landhäuser (Nerokourou, Vathypetro) und Gebäude mittlerer Größe, die sogenannten Villen (Agia Triada, Amnisos, Nirou Chani), die wahrscheinlich wie die Paläste verschiedene Funktionen zugleich erfüllten.

Anders als in der Vorpalastzeit war das Ziel der Produktion jetzt nicht mehr nur die Selbstversorgung, sondern die Erwirtschaftung von Überschuss. Der Austausch von Produkten ermöglichte Kreta den Import von wertvollen Metallen, Elfenbein, Luxusgegenständen, mitunter auch von Sklaven aus anderen Regionen. Diesem regen Austausch diente die Flotte. Auf die «Thalassokratie», die Beherrschung der Meere durch kretische Seefahrer, spielen die griechischen Mythen an, etwa der oben erwähnte Mythos vom leidvollen Tribut der Athener an den Minotaurus oder die Legende von der Befriedung und Beherrschung der Ägäis durch Minos (Thukydides 1.4). Minoische Funde in der Ägäis, von Samothrake bis Rhodos, zeigen die Präsenz kretischer Schiffe; auch gab es Kolonien und Handelsstationen. Die vom Vulkanausbruch zerstörte Siedlung in Akrotiri auf Santorin – das ägäische Pompei – war minoisch geprägt, und auch Kythera war von Kretern besiedelt, wie die Entdeckung eines wichtigen Heiligtums zeigt. Von solchen Siedlungen aus beeinflussten kretische Kultur und Religion das griechische Festland. Viele Orte auf den Kykladen und entlang der griechischen Küste mit dem Namen Minoa («die Siedlung des Minos») erinnern noch heute an die kretische Präsenz.

Auch Kontakte zu viel weiter entfernten Orten sind für diese Zeit mehrfach bezeugt. Der Behauptung des babylonischen Königs Sargons (ca. 2330–2280 v. Chr.), Kaphtor (Kreta) sei Teil seines Reiches, dürfen wir keinen Glauben schenken, aber sie belegt dennoch die Bekanntheit des vorpalastzeitlichen Kreta selbst im fernen Mesopotamien. Auch spätere Texte aus Mari (18. Jh.) erwähnen Kreter. Zu den minoischen Importstücken in Ägypten kommen ab dem 17. Jh. häufige Erwähnungen der *Keftiu* (Kreter) in Texten in ägyptischen Gräbern hinzu. Die sensationellste Bestätigung der engen Kontakte brachte jedoch die Entdeckung minoischer Wandmalereien, die auch wie auf Kreta Stierspringer zeigen, und zwar in einem Palast im ägyptischen Avaris (um 1530 v. Chr.). Analoge Wandmalereien kennt man auch von orientalischen Herrschersitzen (Alalach am Orontes, Kabri in Kanaan).

Über die rechtlichen und sozialen Institutionen der Kreter in der Palastzeit, welche diese kulturellen Leistungen ermöglichten, haben wir nur sehr vage Vorstellungen. Dass Kreta zumindest zeitweise eine administrative Einheit bildete, erscheint zwar plausibel, sicher ist es aber nicht. Dass die Paläste und die Städte, von denen einige relativ gut erforscht sind (Mallia, Palaikastro, Gournia, Kommos, Mochlos, Pseira), keine Befestigungsanlagen hatten, lässt darauf schließen, dass sie weder von inneren noch von äußeren Feinden bedroht wurden. Die griechischen Mythen erzählen von einem einzigen Herrscher; auch die ägyptischen Dokumente sprechen von den *Keftiu* als einer geschlossenen Gruppe; die Funde in Palästen und Siedlungen bezeugen einen regen Kontakt zwischen den verschiedenen Regionen Kretas; schließlich sprechen auch die einheitliche architektonische Form der Paläste und die gemeinsame Kunstsprache eher für eine Einheit. Doch sind dies nur Indizien, die auch anders gedeutet werden können.

Mit unbeantworteten Fragen sehen wir uns auch mit Blick auf die kretische Gesellschaft konfrontiert: Gab es Freie und Unfreie? Wir dürfen auf jeden Fall von einer ausgeprägten sozialen Hierarchie ausgehen. Hinweise für eine soziale Differenzierung lassen sich aus Unterschieden bei der Grabausstattung erschließen. Aber ob die soziale Stellung erblich war oder aufgrund von Reichtum oder Fähigkeiten des betreffenden Individuums erreicht wurde, lässt sich nicht sagen, und es wäre gefährlich, mit Analogien aus anderen Kulturen zu operieren. Aus den Ritualen für die Toten lässt sich auf die Bedeutung von Familientraditionen schließen, und dies spricht eher für eine Gesellschaft, in der die Erblichkeit des sozialen Status eine wesentliche Grundlage bildete. Unzweifelhaft ist die starke Stellung zumindest jener Frauen, die in der minoischen Ikonographie prominent vertreten sind: der Göttinnen und der Teilnehmerinnen an öffentlichen Ritualen. Von einem Matriarchat zu sprechen, wäre jedoch spekulativ, auch wenn die Rückerinnerung der Griechen darauf anspielt.

Die Spezialisierung war ein wesentliches Merkmal der hohen Kultur des palastzeitlichen Kretas. In Staunen und Bewunderung versetzen uns immer wieder technische und ästhetische Leistungen der Handwerker. Während die Mehrheit der Bevölkerung Landwirtschaft betrieb, gab es spezialisierte Töpfer, Maler, Bearbeiter von Stein, Siegelhersteller, Metallurgen, Architek-

Abb. 5: Steingefäß von Agia Triada mit Bauernprozession und Sänger

ten (also auch Mathematiker und Astronomen), Bauarbeiter, Ruderer, Kapitäne, Fischer, Holzfäller, Hirten, Schreiber, Gärtner, Textilhersteller, Heiler, Hersteller von Parfums, Priester als Spezialisten des Rituals, Musiker, Sänger und Soldaten. Nur die Spezialisten in einigen ganz wichtigen Sektoren sind in der Ikonographie überliefert: junge Soldaten oder die Ritualspezialisten (Priester, Sänger, Musiker; Abb. 5).

Auf die Komplexität der Sozialstrukturen in der Palastzeit weisen ferner die Übergangsrituale für junge Männer hin. Übergangsrituale an der Schwelle zu einer neuen Phase (z.B. beim Eintritt in die Ephebie oder vor der Hochzeit) sind aus vielen Kulturen bekannt (§ 5.3). Boxkämpfe, das gefährliche Ritual des Stiersprungs und die Jagd hingen wahrscheinlich mit solchen Ritualen zusammen. Das bekannteste unter ihnen ist der Sprung über einen auf den Akteur zurennenden Stier; der Mythos des Minotauros spielt vielleicht auf dieses Initiationsritual an, bei dessen Durchführung der eine oder andere Junge nicht nur symbolisch als Knabe starb, um als Erwachsener wiedergeboren zu werden, sondern tatsächlich den Tod fand.

Die Kreter der Palastzeit bedienten sich nicht nur der Alltagssprache; sie haben gesprochen und gesungen, gebetet und verflucht, gedichtet und erzählt. Die Darstellungen minoischer Männer und Frauen im Gespräch und im Fest, ihre Musikinstrumente und der offene Mund des Sängers auf dem Gefäß von Agia Triada (Abb. 5) sind stumme Zeugnisse einer Welt voller Stimmen, Lieder und Geräusche, die für immer verloren sind. Dämonische Wesen auf den Siegelringen sind Hinweise auf mythologische Erzählungen, auf Theogonien, auf die Taten der Götter. Die Darstellung eines kriegerischen Ereignisses auf einem Fresco in Santorin setzt eine historische Erzählung oder gar ein episches Gedicht voraus. Auch all dies sind Merkmale einer hohen Kultur ebenso wie die Brettspiele, über deren Regeln man nur mutmaßen kann. Die unterschiedlichen Gesten und Gebärden von Männern und Frauen in den bildlichen Darstellungen weisen auf Normen hin: auf die richtige Art zu beten und zu bitten, zu begrüßen, sich an dem Fest zu benehmen.

Der Kult von Gottheiten, welche die vegetativen Kräfte der Natur repräsentieren und beschützen, ist nachgewiesen. Die Namen einiger Gottheiten überlebten bis in historische Zeit. Der Name von Diktynna, die noch bis zur römischen Zeit als Göttin der wilden Tierwelt, der Natur und des Berges verehrt wurde, hängt wahrscheinlich mit dem Berg Dikte zusammen. Den Namen der Göttin Britomartis übersetzten antike Lexikographen als «die süße Jungfrau». Dieser großen Göttin der Natur stand ein junger Begleiter bei, Sohn oder Gemahl (oder beides), der möglicherweise in einigen der Kultszenen vorkommt. Eine Erinnerung an diesen Gott bestand in späterer Zeit in der eigenartigen Gestalt des kretischen Zeus – jenes Gottes, der die Kräfte der Natur repräsentierend jedes Jahr sterben musste, um neu geboren zu werden; Geburtsort und Grab lokalisierte man in einer Kultgrotte auf dem Berg Ida. Einzelne Orte, soziale Positionen (Herrscher, Krieger) und Bereiche des Lebens (z. B. Landwirtschaft, Seefahrt, Gesundheit) standen im minoischen Polytheismus vielleicht auch unter dem Schutz einzelner Gottheiten. Die Orte des Kultes richteten sich nach der Natur des Rituals; manche Rituale (Prozessionen, Banketts, Kultmähler, Reinigungen) fanden in den Palästen statt, andere in Hainen (rituelle Tänze), in Kulthöhlen und Gipfelheiligtümern (Opfer, Darbieten von Nahrungsmitteln, Weihung von Statuetten von Menschen und Tieren), der Totenkult hingegen auf den Friedhöfen. Die Vielfalt und besondere Form der Kultgegenstände (Altäre, Kultgefäße, Doppeläxte, magische Knoten, Statuetten) und die komplexen Kultszenen in der Ikonographie lassen auf eine hoch entwickelte Religion schließen. Sie fasziniert die Forschung, konfrontiert sie aber oft auch mit kaum lösbaren Rätseln.

Den Griechen blieb die Erinnerung, dass Kreta der Ort einer göttlich gegebenen Ordnung war. So soll Minos dem Mythos nach alle neun Jahre zur vorhin erwähnten Zeusgrotte auf dem Berg Ida gegangen sein, um dort Gesetze zu empfangen. Minos selbst (oder sein Bruder) war der Richter in der Unterwelt. Diese «Rückerinnerungen» implizieren ein entwickeltes Gerechtigkeitsdenken, eine Auffassung von Sünde, vielleicht auch eine Vorstellung von göttlicher Rechtsprechung (Theodikie). Auch andere Phänomene müssen wir voraussetzen – von solchen komplexen Erscheinungen wie Medizin, Magie, Astrologie, Astronomie und Erziehung, bis zu den einfachen Dingen, die den Alltag der «Minoer» verschönerten, wie Kochkunst, Gartenpflege, Mode, Körperpflege und die Kunst der Liebe.

Das halbe Millennium der Palastzeit kann keine Zeit ohne Brüche und Spannungen gewesen sein, auch wenn wir keinerlei Ereignisse aus dieser Zeit kennen, außer dem genannten Erdbeben von ca. 1700, das alle Paläste und viele andere Bauten zerstörte. Die Spuren dieses Erdbebens sind überall auf Kreta im archäologischen Material deutlich zu erkennen, so auch in einem Kultbau in Anemospilia bei Archanes. Das 1979 ausgegrabene Gebäude hat die Spuren eines rituellen Dramas bewahrt. Das Gebäude scheint kurz nach einem Menschenopfer zerstört worden zu sein; das eingestürzte Dach begrub einen auf einem Altar geopferten jungen Mann, eine Priesterin und einen Priester sowie den Diener, der das mit dem Blut des Geopferten gefüllte Gefäß trug.

Die alten Paläste wurden nach der Zerstörung noch prächtiger wiederaufgebaut, und dies spricht natürlich für stabile soziale Strukturen. Die Administration, die von diesen Zentren ausging, war also durch die Katastrophe nicht in Frage gestellt worden. Ganz anders das Ergebnis einer zweiten Zerstörung der Paläste, deren Datierung (ca. 1550–1450 v. Chr.) und Ursache (der Vulkanausbruch von Thera, daraus resultierende Erdbeben oder eine Kombination verschiedener Ursachen) noch umstritten sind. Auch diese Katastrophe versuchte man vielleicht, mit Ritualen zu verhindern. Im Kontext der Zerstörung von Knossos finden sich Indizien für rituellen Kannibalismus: Messerspuren auf den Knochen von vier Kindern, die zusammen mit einem geschlachteten Schaf gefunden wurden. Obwohl die Stadt von Knossos durch Feuer zerstört wurde, scheint der Palast diese Zerstörung ohne Schäden überstanden zu haben oder wiedererbaut worden zu sein. Die letzten Inhaber des Palastes waren auf jeden Fall Neuankömmlinge: Die Tontäfelchen mit den Dokumenten der Administration wurden in einer frühen Form des Griechischen geschrieben. Die ersten Griechen müssen also irgendwann nach der Zerstörung der neuen Paläste nach Kreta gekommen sein.

3. Die Einwanderung der griechischen Stämme (ca. 1450–900 v. Chr.)

3.1 Die ersten (mykenischen) Griechen im Palast von Knossos und die Linear-B-Texte (ca. 1450–1200 v. Chr.)

Seit der Entzifferung der im Palast von Knossos um 1300 v. Chr. benutzten Linear-B-Schrift wissen wir, dass dieser Palast in seiner letzten Phase der Sitz griechischer Herrscher war. Wer waren diese Griechen, und woher kamen sie? Es ist hier angebracht, einen Blick auf die nördlichen Nachbarn der Kreter zu werfen, auf die sogenannten «Mykener». Der Name Mykener ist ebenso irreführend wie der Name Minoer. Er wurde von Heinrich Schliemann eingeführt, der die königlichen Gräber in Mykene ausgrub und angesichts der Bedeutung Agamemnons in der «Ilias» Mykene als das wichtigste Zentrum der frühesten griechischen Kultur ansah. Die ersten griechischen Stämme wanderten in Griechenland etwa zur gleichen Zeit ein, in der auf Kreta die ersten Paläste gebaut wurden. Nach eher bescheidenen Anfängen stiegen diese «mykenischen» Griechen um 1600 v. Chr. zu einer bedeutenden Kultur auf. Zu Wohlstand gelangt durch Söldnerdienst und Plünderungen im Osten und kulturell beeinflusst durch das minoische Kreta, bauten die Herrscher der Teilstämme prachtvolle Residenzen und häuften Reichtum an. Ihr Verhältnis zu den minoischen Kretern war sicher nicht frei von Spannungen, wenn man den Mythen Glauben schenken darf. Die mykenische Gesellschaft hatte einen ausgeprägt militärischen Charakter. Es existierten mehrere Reiche unter der monarchischen Herrschaft von je einem König (*anax*), mit beschränkter Beteiligung der wehrfähigen Männer an der Macht, mit Freien und Sklaven, mit einem ausgeprägt bürokratischen System und mit starker Präsenz einer militärischen Elite.

Spätestens um 1450 v. Chr. wurden die kretischen Paläste zerstört. Datiert man den Vulkanausbruch von Santorin auf ca. 1600–1570 v. Chr. (S. 18–19), so kann dieses Naturereignis nicht die unmittelbare Ursache der Zerstörung gewesen sein. Aber die Folgen einer derartigen Naturkatastrophe wirken langfristig. Ernteausfälle, der Rückgang des Handels, Zweifel an der göttlichen Legitimation der alten Elite und damit einhergehend soziale Unzufriedenheit, die Zerstörung der Flotte und der Rückgang der Bevölkerung können eine Störung des empfindlichen Gleichgewichtes herbeigeführt haben, dem die palastzeitliche Kultur einst ihre Entstehung und ihren Aufstieg verdankte. Von den Palästen wurde nur jener von Knossos weiterhin benutzt, aber fortan als Residenz mykenischer Herrscher. Die Präsenz griechischer Bevölkerungsgruppen auf Kreta ist unbestreitbar. Ihre in griechischer Sprache verfassten Texte findet man in Knossos und in Kydonia im Westen der Insel; in den Friedhöfen (z. B. in Archanes) beobachtet man ihre spezifischen Grabriten. Kamen die Mykener als Eroberer? Fand eine Invasion statt? Drangen sie in ein Vakuum ein, das ein Rückgang der kretischen Macht hinterlassen hatte? Waren es Söldner, welche die Schwächung der zentralen Macht nutzten, um die Herrschaft zu übernehmen? Mehr als Vermutungen können wir vorläufig nicht äußern.

Unter den Stämmen, die nach dem Dichter der «Odyssee» um

700 v. Chr. ihren Sitz auf Kreta hatten, werden zwei genannt, die aller Wahrscheinlichkeit nach zu diesen frühen griechischen Einwanderern gehören: die Kydones und die Achaioi. Aus den Linear-B-Texten dieser Zeit kennen wir den Ortsnamen Kydonia (das heutige Chania), der sich vom Namen Kydones ableitet (Kydonia = «das Land der Kydones»); der Stamm der Kydones muss also vor der Entstehung dieser Texte (um 1400 v. Chr.?) eingewandert sein. Ähnlich verhält er sich auch mit den Achaiern. Aus orientalischen und ägyptischen Quellen wissen wir, dass die mykenischen Griechen (oder einer ihrer Stämme) so bezeichnet wurden. In Westkreta gibt es den Ort Achaia («das Land der Achaioi»), der wahrscheinlich von diesen Einwanderern seinen Namen erhielt. Die Konzentration dieser Ortsnamen im Westen der Insel legt nahe, dass das Eindringen der mykenischen Griechen dort (über Kythera) einsetzte. Auch die mythologische Überlieferung weiß von der Gründung einiger Städte durch Agamemnon, den mythischen König von Mykene, in Westkreta: Pergamon, Lappa und Tegea.

Trotz der Rätsel bezüglich der ersten Ankunft der Griechen verfügen wir dank ihrer schriftlichen Zeugnisse über eine Vielfalt von Informationen. Die von den Griechen benutzte Linear-B-Schrift stellt eine Weiterentwicklung der minoischen Linear-A-Schrift dar, ihre Adaption an die Bedürfnisse einer indogermanischen Sprache. Sie wurde 1952 vom jungen englischen Architekten Michael Ventris entziffert. Jedes Zeichen stellt eine Silbe dar, wobei einige Zeichen mehrere Lautwerte haben können; je ein Zeichen steht z. B. für die Silben pa-, fa- und ba- oder für ra- und la-; bei Silben mit zwei Konsonanten wird oft der erste Konsonant nicht berücksichtigt; das in der griechischen Sprache geläufige End-Sigma wird nicht wiedergegeben. Auch wenn man den Wert der meisten der etwa 90 Zeichen kennt, konnten bislang viele Texte nicht eindeutig interpretiert werden. Selbst die antiken Schreiber waren manchmal überfordert: Um bei Listen von Waren das Verständnis zu erleichtern, verwendeten auch sie Piktogramme; auf das Wort für Pferd folgte z. B. ein Ideogramm (der Kopf eines Pferdes), das den Inhalt des Textes sofort verständlich machte (Abb. 6).

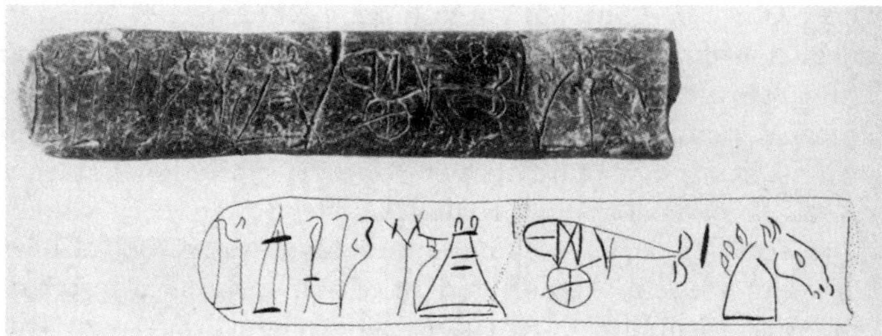

Abb. 6: Linear-B-Tafel von Knossos mit Text und den Piktogrammen für Panzer, Streitwagen und Pferd

Nur spezialisierte Schreiber erwarben sich in zeitaufwendigem Studium die Kompetenz, diese Schrift zu beherrschen. Sie wurde nicht für literarische Texte verwendet, da sie sich nicht dafür eignete, die Komplexität der griechischen Sprache wiederzugeben. Die kurzen Texte sind in der Regel administrativer Natur. Für uns sind sie von unschätzbarem Wert: meist Inventare von Waren und Lieferscheine; sie enthalten die Namen von Personen, an welche oder von welchen Waren geliefert wurden. Wir finden ferner Namen von Göttern, die Weihgeschenke erhielten. Besonders wichtig: Erstmals in der europäischen Geschichte erfahren wir die Namen von Individuen, und erstmals hören wir etwas über die Gesellschaft und die innere Organisation eines Staates.

Die Texte wurden auf kleinen tönernen Tafeln mit einem spitzen Gegenstand aufgezeichnet; man schrieb auf dem noch feuchten Ton, dann ließ man die Tafeln in der Sonne trocknen und lagerte sie vorübergehend in Archiven. Die Informationen übertrug man von Zeit zu Zeit auf anderes Schreibmaterial, z. B. Leder. Die erhaltenen Texte sind also Notizzettel, die nur zufällig erhalten sind – gehärtet während der Brände, welche die Lagerräume zerstörten. Mit der möglichen Ausnahme eines älteren Archivs stammen sie aus den letzten Tagen des Palastes von Knossos (je nach Chronologie, ca. 1380–1200 v. Chr.) und eines administrativen Zentrums in Kydonia (Chania). Die Texte können in Gruppen von Dokumenten eingeteilt werden, die gleichartige Gegenstände behandeln («Serien») und von je einem Schreiber bearbeitet wurden. Sie registrierten Tag für Tag die Transaktionen, an denen der Palast von Knossos beteiligt war.

Die Texte erwähnen viele Ortsnamen, die häufig auch lokalisiert werden können (z. B. Amnisos, Kydonia, Phaistos, Sybrita, Tylissos) und den Eindruck vermitteln, dass Knossos zumindest den größten Teil der Inseln kontrollierte. Zur Zeit der knossischen Texte bildete Knossos das Verwaltungszentrum, in dem die wirtschaftliche Produktion des größten Teils Kretas – vielleicht der gesamten Insel – registriert wurde; die Entdeckung eines neuen Archivs in Kydonia wird möglicherweise dieses Bild modifizieren.

Die Texte von Knossos erwähnen auch einen *Wanax*. Dieser Titel, bekannt aus der späteren griechischen Geschichte als *anax*, bezeichnet wahrscheinlich einen Herrscher. Den zweiten Platz im Reich hatte der *Lawagetas* (ra-wa-ke-ta), «der Anführer des Volkes (bzw. des Heeres)», vielleicht Führer der Streitkräfte. Der Wanax herrschte über einen von ihm abhängigen Adel, dessen Angehörige als *Hepetai* («Gefolgsleute») bezeichnet wurden und anscheinend militärische Funktionen erfüllten; die Texte erwähnen ihre besondere Kleidung, ihre Streitwagen und ihre Sklaven. Auch die Ikonographie und andere archäologische Funde zeigen die Bedeutung der Krieger in dieser Sozialstruktur. Zur gehobenen Schicht gehörten ferner die Grundbesitzer (*Telestai* und *Ktoinouchoi*).

Besser bekannt als die gesellschaftliche Organisation ist die Organisation der Wirtschaft, wobei die «Serien» aus Knossos, die Schafe registrieren, besonders aufschlussreich sind: Die Tiere wurden nach Geschlecht, nach Muttertieren und Jungen geordnet, zudem wurde die gewonnene Wolle berechnet. Etwa 100 000 Schafe werden in den knossischen Tafeln erfasst (zum Vergleich: 1927 wurden auf Kreta ca. 400 000 Schafe gezählt), 12 000 allein in Amnisos, vermutlich eine große Zuchtfarm oder ein Stationierungsort im Winter. Die Viehzucht wurde auch wegen der Bedeutung der Wollgewinnung betrieben; so werden rund 30 Tonnen Wolle registriert, die an für den Palast arbeitende Weberinnen und Kinder weitergegeben wurden. Die sehr differenzierten Bezeichnungen der Produkte bezeugen eine sehr vielfältige Textilproduktion, deren Erzeugnisse exportiert wurden.

Neben der Viehzucht spielten der Acker- und Gartenbau eine große Rolle. Das Land war im Besitz des Herrschers, privates Eigentum oder Gemeindeland, das verpachtet wurde. Gerste und Weizen stellten die wichtigsten Nahrungsmittel dar. Darüber hinaus erwähnen die Texte auch Oliven, Öl, Feigen, Wein und manche anderen Pflanzen. Die Produktion von Wein und Olivenöl war teilweise für den Handel bestimmt. Eine bestimmte Gefäßform, die Bügelkanne, die an vielen Orten im Mittelmeerraum gefunden wird, war für den Export solcher Produkte bestimmt. Ein besonders wichtiger Zweig der Wirtschaft war die Produktion aromatischer Öle, die durch die Mischung von Olivenöl und verschiedenen Pflanzen – wie Salbei, Koriander und Rosen – hergestellt wurden. Schließlich spielte auch die Metallurgie in Knossos eine Rolle, vor allem im Zusammenhang mit der Herstellung von Waffen.

Auch diese historische Periode wird von einem hohen Grad an Spezialisierung charakterisiert. Die Täfelchen überliefern z. B. eine sehr große Zahl von «Berufen», von der «Verziererin» (*akestria*) und der Haushälterin (*tamia*) bis zum Schmied (*chalkeus*), dem Bearbeiter von Leder (*gnapheus*) und dem Näher (*rapter*). Einige dieser Personen waren sicher Sklaven (do-e-ro/do-e-ra, *doulos/doula*), sowohl solche von Privatpersonen als auch des Palastes und der Götter.

Die Rohstoffe für die vielfältigen Produktionssektoren wurden zum großen Teil importiert. Vor allem Silber, Gold und Elfenbein mussten aus Zypern, Syrien und Ägypten eingeführt werden. Die Beziehungen zu Ägypten werden unter anderem durch ägyptische Importstücke in Kreta bezeugt. Kretische Keramik dieser Periode ist in Ägypten, Zypern, Syrien, Palästina und Kleinasien (Iasos und Milet) gefunden worden; ägyptische Texte erwähnen weiterhin die Kreter und ihre Siedlungen. Auch die Linear-B-Texte mit ihren semitischen Wörtern, den Erwähnungen von zyprischen Produkten und den möglichen Namen von Fremden (*A-ra-da-jo*, der Mann aus Arados?; *Tu-*

ri-jo, der Mann aus Tyros?; *po-ni-ki-jo*, phoinikisch?) bezeugen eindrucksvoll die internationalen Kontakte in dieser Zeit. Ein bedeutender Hafen in Kommos (Südkreta) steht sicher mit dem Handel in Zusammenhang. Eines der spätesten Zeugnisse für die Handelsbeziehungen zum Nahen Osten ist ein Text im Archiv in Ugarit (Nordsyrien, ca. 1250 v. Chr.), der das Schiff des Händlers Sinaranu von Abgaben befreit, wenn es aus *Kaphtor* (Kreta) kommt.

Mögen auch diese Notizzettel keine sehr spannende Lektüre sein, so informieren sie uns doch über Orts- und Monatsnamen, über die Verwendung des Duodezimalsystems – alle Beträge stehen in einem Verhältnis zur Zahl 12 –, und insofern über mathematische Kenntnisse, aber gelegentlich auch über Priesterinnen, vor allem aber über Gottheiten. Mit wenigen Ausnahmen handelt es sich dabei um griechische Gottheiten – jene, die man auch aus der späteren griechischen Religion kennt und die von griechischen Einwanderern vom Festland nach Kreta gebracht wurden: Zeus, Poseidon, Hermes, Hera, Artemis, Athena, Dionysos, die Geburtsgöttin Eileithyia. Es gibt aber auch Gottheiten, die in der späteren Religion an Bedeutung verloren, wie der Kriegsgott Enyalios, die Rachegöttin Erinys und die Winde (Anemoi), oder ihren Namen änderten, wie Paian (Apollon). Andere Gottheiten haben griechische Namen, wie Diia («die Göttliche»), Poseidaeia (die Gemahlin von Poseidon), Potnia (Herrin), Iphimedeia («die Mächtige»). Dass die knossischen Tafeln uns ein griechisches Pantheon zeigen, bedeutet natürlich keineswegs, dass die eingeführten und von der neuen Elite des Palastes verehrten Gottheiten die alten kretischen Gottheiten verdrängt hatten. So findet man noch in viel späterer Zeit auf Kreta minoische Gottheiten: Welchanos, Britomartis, Diktynna, Akakallis. Die nicht-griechische Bevölkerung hat sie mit Sicherheit unverändert verehrt, bis es zu einer Verschmelzung altkretischer und neu eingeführter religiöser Vorstellungen kam. Die kretische Religion der historischen Zeit ist das Ergebnis dieses allmählichen Akkulturationsprozesses.

In dieser ersten Phase der griechischen Herrschaft gab es einzig den Palast von Knossos, der aber später einem Brand zum

Opfer fiel. Das Datum der Zerstörung ist heftig umstritten (zwischen 1380 und 1200 v. Chr.). Auch die Ursache ist nicht bekannt: Unfall? Erdbeben? Eine Revolte der unterworfenen Bevölkerung? Ein dynastischer Streit? Ein fremder Angriff? Was auch immer der Grund gewesen sein mag, so ist doch nicht die Zerstörung das Bedeutsame, sondern vielmehr die Tatsache, dass der Palast diesmal nicht wiederaufgebaut wurde. Dies kann nur eins bedeuten: Die im Palast etablierte Herrschaft des Wanax war zu schwach, ja die zentrale Verwaltung war überflüssig oder lästig geworden. Möglicherweise war der Brand des Palastes nur der Auslöser eines Prozesses, der die zentrale Macht durch eine dezentrale Herrschaft ersetzte.

Die Zerstörung des Palastes von Knossos stellte in administrativer Hinsicht eine der bedeutendsten Zäsuren in der Geschichte Kretas dar; die Kultur hingegen überdauerte mehrere Jahrhunderte ohne deutliche Zäsuren. Die Schrift wurde fortan in einem anderen Verwaltungszentrum, in Kydonia, verwendet. Ob Kydonia nur ein regionales Zentrum in Westkreta war oder größere Regionen – vielleicht sogar ganz Kreta – kontrollierte, lässt sich heute noch nicht sagen. Eine Reihe bedeutender Bauten – so in Agia Triada und Gournia – vermittelt den Eindruck einer Dezentralisierung. Die Siedlung von Agia Triada wird z. B. von einem «Marktplatz» beherrscht, vielleicht ein Zeichen der Verselbständigung eines kleinen Zentrums.

Die kulturelle Kontinuität wird vor allem in der Kunst und den Lebensformen sichtbar. Da wir die Friedhöfe besser als die Siedlungen der Nachpalastzeit kennen, lässt sich die Kultur nicht so sehr in Zeugnissen des Alltags der Lebenden als vielmehr in den Ritualen für die Verstorbenen erkennen. Der Friedhof von Armeni in der Nähe von Rethymnon ist mit seinen 211 Gräbern eine der bedeutendsten Fundstätten. In den Felsen gehauene Wege (*dromoi*) führen in Kammergräber; die Toten wurden in tönernen Sarkophagen (Larnakes) bestattet, die mit symbolischen Darstellungen (Szenen ritueller Jagd, Doppelhörner, Doppeläxte) verziert sind. Die mehr als 500 dort gefundenen Skelette geben uns Informationen über die Ernährung und häufige Krankheiten der Bevölkerung.

Der Grabkult ist besser dank des Friedhofs von Phourni in Archanes bekannt, wo das Kuppelgrab A Zeugnisse des Bestattungsrituals bietet. Die Bestattungen in Larnakes in der Kuppel selbst sind durch antike Grabschänder zerstört worden, aber vor dem Eingang einer Seitenkammer fand man das Skelett eines Pferdes und den Schädel eines Ochsen; beide Tiere waren zu Ehren der in der Seitenkammer bestatteten Frau geopfert worden. Sowohl die besondere Ehre des Stieropfers als auch die reichen Grabbeigaben erlauben es, die Frau als Mitglied einer Herrscherfamilie zu identifizieren.

In der Zeit um 1200 v. Chr. veränderte sich die Situation nicht dramatisch, aber doch wahrnehmbar. Einzelne Siedlungen wurden aufgegeben, die Funde auf den Friedhöfen zeugen eher von bescheidenen Lebensverhältnissen, die Handelskontakte zum Ausland gingen deutlich zurück. Eine von Unsicherheit und Instabilität geprägte Zeit hatte begonnen.

3.2 Das schriftlose Nachspiel und die Einwanderung neuer Stämme (ca. 1200–900 v. Chr.)

Aus der Zeit zwischen den letzten Linear-B-Tafeln und den ersten alphabetischen Texten aus dem 8. Jh. v. Chr. liegen uns keine schriftlichen Quellen über die Geschichte Kretas vor; diesem Umstand verdankt diese Periode der Geschichte ihre Bezeichnung als «Dunkle Jahrhunderte». Kreta war in diesen drei Jahrhunderten Schauplatz tief greifender Veränderungen, die wir leider nicht im Einzelnen verfolgen können, aber deren Ergebnisse in der nachfolgenden Phase deutlich werden. Viele Zerstörungen im östlichen Mittelmeer im 13. Jh. v. Chr., eine wachsende Unsicherheit, die Unterbrechung der Handelskontakte zum griechischen Festland, zum Osten und zu Ägypten, führten allmählich zu einem Rückgang des Reichtums und der Qualität der Kunstwerke. Wichtiger noch: Das Fehlen einer Zentralgewalt und die Fragmentierung in viele kleine, selbständige Gemeinwesen wirken sich prägend auf die kretische Geschichte aus.

In dieser Zeit dürfen wir die Ursprünge des *hekatompolis Kreta* («Kreta mit den 100 Städten») vermuten. Die Ursachen der politischen Fragmentierung liegen zum Teil in der Stärkung regionaler Verwalter, zum Teil in der Einwanderung neuer Stämme. In der Zeit zwischen 1200–1100 v. Chr. beobachtet man die Zerstörungen vieler Siedlungen, vor allem an der Küste. Manche Siedlungen wurden verlassen (z. B. Mallia, Gournia, Zakros, Myrtos, Kommos, Palaikastro); ein Teil der Bevölkerung zog sich aus Sicherheitsgründen in neue Siedlungen in schwer zugänglichen Orten zurück (§ 3.3). Nur in wenigen Orten (z. B. Knossos und Kydonia) kann eine Kontinuität festgestellt werden, die allerdings nicht unbedingt bedeutet, dass die Bevölkerung dort die gleiche blieb.

Um 700 v. Chr. beschreibt der Dichter der «Odyssee» Kreta mit folgenden Versen (19,175–177): «Kreta ist ein Land inmitten des weinroten Meeres, schön und ertragreich und wellenumflutet; es leben dort viele Menschen, ja grenzenlos viele in neunzig Städten, doch jede spricht eine andere Sprache. Es ist ein Gemisch; denn Achaier finden sich dort und hochbeherzte Eteokreter, Dorier mit fliegenden Haaren, Kydones und hehre Pelasgoi.» Wenn die verschiedenen Stämme zu Beginn der historischen Zeit ihren festen Sitz auf Kreta hatten, so müssen sie in den Dunklen Jahrhunderten – teilweise schon früher – nach Kreta eingewandert sein. Als Eteokreter («Urkreter») bezeichnete man die nichtgriechische Bevölkerung der Insel, die in der klassischen Zeit vor allem im Osten der Insel konzentriert war. Noch im 3. Jh. v. Chr. sprach man hier eine vorgriechische Sprache. Der Begriff der Eteokreter verrät das Bewusstsein einer Spaltung der kretischen Bevölkerung in zwei Gruppen: Alteingesessene und Zuwanderer. Die Pelasger, ein weiterer nichtgriechischer Stamm, bezeugen die vielfältige Zusammensetzung der Bevölkerung. Mit Achaiern und Kydonen meint der Dichter der «Odyssee» die frühen griechischen Einwanderer, die bereits seit der Zeit der Linear-B-Texte auf Kreta siedelten (§ 3.1). Die Neuankömmlinge sind die Dorier, ein griechischer Stamm, der in einem langsamen Prozess vom Norden nach Süden eindrang, erst Teile Mittelgriechenlands, dann den größten Teil der Peloponnes, einige ägäische Inseln, den südlichsten Teil der Küste Kleinasiens und den größten Teil Kretas besetzte. Dieser Prozess begann frühestens um 1100 v. Chr.; nach Kreta kamen die Dorier vermutlich in verschiedenen Wellen zwischen 1050 und 750 v. Chr. Ein Indiz für die Ankunft einer neuen Bevölkerungsgruppe ist die Einführung von Brandbestattungen im Nordfriedhof von Knossos um 1050 v. Chr. – eine radikale Änderung des Grabrituals.

Mangelt es auch an zeitgenössischen Quellen, so können wir doch anhand der Namen von Orten, Göttern, Monaten und Phylen (Unterabteilungen der Bürgerschaft) den langsamen Prozess der Besiedlung Kretas durch dorische Gruppen einigermaßen nachvollziehen. Einige Legenden halten die Erinnerung an einen Ursprung der kretischen Dorier aus der Peloponnes fest. Einen Einblick in die Einwanderungsprozesse geben uns die kretischen Monatsnamen: Einige sind vorgriechisch, andere finden Parallelen in dorischen Gebieten (z. B. Apellaios, Karneios, Hyakinthios, Theudaisios). Auch die Epitheta einiger Götter sind mit jenen dorischer Gebiete identisch (z. B. Apollon Karneios und Amyklaios, Artemis Orthia). Am aufschlussreichsten sind die Ähnlichkeiten in den Namen von Phylen. In den meisten dorischen Gemeinden waren die Bürger in drei Phylen unterteilt: Hylleis, Dymanes und Pamphyloi. Diese Phylen finden wir auch auf Kreta, allerdings niemals alle in ein und derselben Stadt, da offenbar die dorischen Siedler in kleinen Gruppen kamen, die sich dann sowohl mit anderen Einwanderern als auch mit Teilen der einheimischen Bevölkerung mischten.

Eine weitere indirekte Quelle für die Einwanderung verschiedener Stämme sind die Ortsnamen, denn bei Migrationsprozessen kommt es häufig auch zu einer Migration von Ortsnamen. Nun findet man auf Kreta neben Ortsnamen, die evident vorgriechisch sind – wie Knossos, Tylissos, Amnisos, Praisos –, auch Ortsnamen aus anderen Regionen Griechenlands, die sicher von Einwanderern nach Kreta gebracht wurden. Wir können sicher sein, dass die Arkader in Zentralkreta einen Splitter der peloponnesischen Arkader darstellen; man kennt ferner eine Stadt Tegea in Arkadien und in Westkreta; Gortys (Gortyn) ist der Name einer kretischen, aber auch einer arkadischen Stadt. Da Gortyn erst um 700 v. Chr. gegründet wurde, kann vorsichtig vermutet werden, dass die kretischen Arkader kurz vorher nach Kreta kamen. Der Einwanderungsprozess dauerte Jahrhunderte; noch im späten 6. Jh. v. Chr. kamen Kolonisten aus Samos und Aigina nach Kydonia.

3.3 Das Leben in den Zufluchtsorten

Wenn die Zeit zwischen 1200–1100 v. Chr. als eine Zeit allgemeiner Unruhe im östlichen Mittelmeerraum gilt, ist dies sowohl Ursache als auch Folge der Wanderungsprozesse. Kriege in Ägypten und in Anatolien, häufige Plünderungszüge und Völkerwanderungen beherrschten das Bild. Auch die mykenische Zeit wurde durch Kriege geprägt, aber damals handelte es sich um organisierte Unternehmungen unter der Kontrolle von Herrschern, die eine zentrale Macht repräsentierten. Jetzt führte das Fehlen einer zentralen Gewalt zur Entstehung kleiner Gruppen von Piraten und Plünderern, die unter der Führung von «warlords» das östliche Mittelmeer unsicher machten. Dies bedingte einen Rückgang der Außenkontakte.

Die aus dieser Bedrohung resultierende Unsicherheit ist vor allem in der Siedlungsstruktur erkennbar. Eine für diese Periode charakteristische Siedlungsform auf Kreta sind die sogenannten «Zufluchtsorte», Siedlungen in den Bergen, an naturräumlich geschützten Orten. Etwa 100 solcher Siedlungen entstanden zwischen 1200 und 1000 v. Chr. (z. B. Kastro und Vronta in Kavousi, Karphi, Vrokastro). Mehr als die Hälfte befand sich auf einer Höhe von ca. 400–600 m, einige waren jenseits der Höhengrenze für den Olivenbau, vier sogar in einer Höhe von über 1000 m. In keiner anderen Periode des Altertums findet man eine derartige Konzentration der Bevölkerung in den Bergen. Auch die Konzentration von Bevölkerungsteilen in einigen wenigen städtischen Zentren wie Knossos ist aus dem Gefühl der Unsicherheit zu erklären. Ein Rätsel stellt allerdings das Fehlen von Befestigungsanlagen dar; vielleicht erklärt sich dies aber gerade aus dem Fehlen einer zentralen Gewalt, die solch große Bauprojekte hätte koordinieren können. Die meisten Siedlungen befanden sich auf Hügeln, von denen aus man das

Meer beobachten und die Küstenebenen oder die Plateaus kontrollieren und nutzen konnte. Die Lage legt nahe, dass die Bewohner mit Gefahren rechneten, die über das Meer kamen, nicht aber von anderen kretischen Gemeinden ausgingen. In den meisten Siedlungen wohnten im Durchschnitt ca. 30–40 Familien, also ca. 150–300 Personen.

Fehlt eine zentrale Gewalt, so fehlt natürlich auch eine zentrale Verwaltung der Wirtschaft. Die Grundlagen der palastzeitlichen wirtschaftlichen Spezialisierung und der Produktion von Überschuss waren nicht mehr gegeben; die Selbstversorgung wurde wieder das primäre Ziel der Wirtschaft. Das Verlassen der alten Siedlungen ging einher mit einem Rückgang der Produktion: Die Terrassen wurden vernachlässigt, die Anbauflächen verringerten sich, und die Olivenhaine und Weinberge wurden nicht mehr gepflegt. Die ungünstigen klimatischen Bedingungen im Gebirge brachten weitere Einschränkungen des Ertrags.

Ein charakteristisches Beispiel eines Zufluchtsortes ist die Siedlung Karphi (1200 m). Sie beherbergte etwa 125 bis 150 Haushalte, so dass mit einer Gesamtbevölkerung von nicht viel mehr als 1000 Personen gerechnet werden kann. Jedes Haus (ca. 70 m^2) wurde von je einer Familie mit 5–8 Personen bewohnt. Der zentrale Raum des Hauses war Wohn- und Schlafzimmer, der Ort, wo man einfache Hausarbeiten erledigte, aber auch der Ort, an dem Nahrungsmittel, Decken, Kleider und wertvolle Gegenstände aufbewahrt wurden. Um die erforderlichen Anbauflächen zu gewinnen, aber auch für den Olivenbau und die Tierhaltung im Winter mussten die Bewohner von Karphi auch Land nutzen, das niedriger als ihre Siedlung lag. Die Nahrungsmittel wurden regelmäßig durch Jagd oder den Austausch mit anderen Orten ergänzt. Dieses Beispiel verdeutlicht, wie der Zerfall der zentralen Gewalt die Lebensbedingungen der Bevölkerung verschlechterte. Küstenstädte wurden aufgegeben, spezialisierte Handwerker wurden verschiedentlich überflüssig und konzentrierten sich an wenigen Orten, ein großer Teil der Bevölkerung verließ die alten Siedlungen und suchte Sicherheit und eine andere Existenz im Inneren der Insel.

Dass wir so wenig über die Geschichte dieser Periode wissen, ist umso bedauerlicher, wenn man bedenkt, dass gerade diese Jahrhunderte für die weitere kretische Geschichte so prägend waren. In dieser Zeit kam ein großer Teil der späteren Bevölkerung, und in dieser Zeit entstanden wahrscheinlich auch die wichtigsten neuen Institutionen.

Zu Beginn der nächsten Periode, um 900 v. Chr., vermittelt Kreta das Bild einer kulturell mehr oder weniger einheitlichen, aber politisch geteilten Insel.

4. Brücke zwischen Orient und Hellas: Die kretische Renaissance (ca. 900–630 v. Chr.)

4.1 Die Orientalisierung und das Alphabet

Der Hafen von Kommos, in der Bronzezeit eine der Brücken für die Kontakte Kretas nach Ägypten, Zypern und in den Nahen Osten, gehört zu den vielen Siedlungen, die in der Nachpalastzeit verlassen wurden. Hier entstand um 1000 v. Chr. ein Heiligtum mit einem kleinen Tempel. Ist die bescheidene Wiederbesetzung eines Ortes in der Nähe der Küste – etwa gleichzeitig mit dem Verlassen vieler Siedlungen auf den Bergen – ein erstes Zeichen für die Rückkehr eines Gefühls der Sicherheit, so zeigen die Funde aus den folgenden Jahrhunderten eine grundlegende Veränderung: Ein um 800 v. Chr. errichteter Kultbau wurde von Phoinikern besucht. Handelte es sich dabei um Händler, die nur vorübergehend hier verweilten, oder hatten sie dort eine richtige Handelsstation? Fest steht auf jeden Fall, dass Phoinikien – die wichtigste Handelsmacht dieser Zeit, die das Mittelmeer mit einem Netz von Faktoreien überzogen hatte – enge Kontakte mit Kreta pflegte. Kreta war nicht mehr nur das Angriffsziel von Plünderern und das Aufnahmeland von Migranten vom griechischen Festland, sondern auch ein internationaler Handelsplatz.

Etwa in der gleichen Zeit, in der phoinikische Schiffe regelmäßig den Hafen von Kommos anliefen, wurde in Teke, in der

Nähe von Knossos, ein Mann mit reichen Grabbeigaben bestattet (ca. 820 v. Chr.). Er war ein Goldschmied aus dem Orient, dem man nicht nur seinen Schmuck, sondern auch das Material (Gold, Silber, Electrum), das er noch nicht bearbeitet hatte, mit ins Grab legte. Ob er sich auf Kreta nur vorübergehend für die Erfüllung eines Auftrags aufhielt oder sich dauerhaft dort niedergelassen hatte, lässt sich freilich nicht sagen.

Zeugnisse für die Intensivierung der Kontakte zum Osten und Süden in der Zeit zwischen 900 und 650 v. Chr., wie die Funde in Kommos und Knossos, findet man überall auf Kreta. Diesen Kontakten verdankt eine bedeutende Phase der Kunstgeschichte ihren Namen: die «Orientalisierende Epoche» (ca. 710–630 v. Chr.). Die Weltgeschichte dieser Zeit wurde von Entwicklungen im Nahen Osten geprägt: dem Aufstieg des Großassyrischen Reiches, der phoinikischen Städte und des großen Reiches von Urartu (Ararat, am Van-See, im 9. Jh. v. Chr.). Griechenland stand in dieser Periode unter dem kulturellen Einfluss des Orients.

Die sichtbaren Zeichen dieses Einflusses sind die orientalischen Motive der zeitgenössischen Kunst; seine nachhaltigen Ergebnisse sind aber nicht in der Kunst zu suchen, sondern in der Einführung des phoinikischen Alphabets – alle noch heute verwendeten europäischen Schriften gehen letztlich auf dieses Alphabet zurück – und in der Übernahme von Lehnwörtern wie kannabis, sesamon, alabastron, smaragdos, Charakter (von harasu) oder talanton (vgl. Talent). Subtilerer Art waren die Einflüsse im Bereich der Religion (Opfer- und Reinigungsrituale, Magie, Zukunftsdeutung), der Mythologie und der Literatur. Die Entstehungsmythen der griechischen Götter, die auch den Hintergrund literarischer Werke darstellen, waren stark von den orientalischen Theogonien beeinflusst. Vor allem drei Regionen übernahmen in dieser Zeit die Rolle einer Brücke zwischen dem Orient und dem griechischen Festland: Euboia, Zypern und eben Kreta.

Kreta ist eine der ersten Regionen, die das von den Phoinikern entwickelte und um 800 v. Chr. von den Griechen für die Bedürfnisse ihrer Sprache modifizierte Alphabet übernommen

Abb. 7: Die Kore von Auxerre (ca. 640 v. Chr.)

haben. Die frühesten Inschriften – kurze Texte kommerziellen Inhaltes – stammen aus dem Heiligtum in Kommos (spätes 8. Jh. v. Chr.). Die Texte wurden vor Ort auf Scherben von Gefäßen lokaler Herstellung mit einem spitzen Gegenstand eingeritzt. Da zu jener Zeit die Buchstabenformen von Ort zu Ort leicht variierten, kann man anhand der Buchstabenformen die Herkunft der Personen feststellen, die diese Texte aufzeichneten; es handelt sich wohl um Händler aus Boiotien und Euboia. Auch diese Zeugnisse zeigen die Bedeutung Kretas als Station der Händler, die mit ihren Schiffen das griechische Festland, Phoinikien und Syrien und die neuen Zentren – das um 820 v. Chr. gegründete Karthago und die griechischen Kolonien in Italien – ansegelten.

Die seit 900 v. Chr. immer intensiver werdenden Kontakte zum Orient brachten auch Handwerker nach Kreta und mit ihnen neue Techniken in der Bearbeitung des Metalls, neue Dekorationsmotive und neue Ideen zur Darstellung der menschlichen

Gestalt in der Kunst. Kretische Künstler nahmen diese Anregungen auf und entwickelten die orientalischen Kunstformen selbständig weiter. Ein besonders wichtiger Schritt war die Übertragung der orientalisierenden Formen und Motive von den leicht zu bearbeitenden Gegenständen aus Bronze, Gold und Elfenbein auf Stein. Die Herstellung steinerner Statuen, erst in bescheidenem Format, bald aber in Lebensgröße, führte zu einer Monumentalisierung der Kunst. Die «Kore von Auxerre» im Louvre (um 640 v. Chr., Abb. 7), die kleine Statue einer Stifterin oder Göttin, ist eine der frühesten steinernen Statuen in Griechenland. Die Gebetsgebärde und der kraftvolle Ausdruck des Gesichtes vermitteln das Gefühl von Bewegung. Im 7. Jh. wächst die Zahl großer Statuen, welche die führende Rolle Kretas in der archaischen Kunst Griechenlands zeigen. Es überrascht nicht, dass die griechischen Legenden die Schaffung von Statuen, die lebendig wurden und sich fortbewegten, mit einem kretischen Bildhauer – dem sagenhaften Daidalos – verbanden. Seine Schüler, Dipoinos und Skyllis, verließen im 6. Jh. v. Chr. die Insel, um an anderen Orten als Bildhauer zu arbeiten.

Dieses künstlerische Schaffen kam um 600 v. Chr. zu einem abrupten Ende, dessen Ursachen uns später beschäftigen sollen.

4.2 Neue politische Strukturen, soziale Institutionen und gesellschaftliche Gruppen

Die Konsolidierung der Verhältnisse erhellt auch daraus, dass die Zufluchtsorte der Dunklen Jahrhunderte an Bedeutung verloren und aufgegeben wurden. Seit dem 8. Jh. wuchs die Zahl organisierter Siedlungen mittlerer Größe stetig, die die Keimzellen der späteren Stadtstaaten Kretas werden sollten. In Phaistos z. B. entstand um 950 v. Chr. eine Siedlung in der Nähe der Palastruine, die ständig erweitert wurde. Die Errichtung von Tempeln auf oder in der Nähe von Burgen (Dreros, Gortyn, Olous, Prinias) und die Existenz großer Friedhöfe (Eleutherna, Knossos) gehen auf die Konzentration der Bevölkerung in größeren Siedlungen zurück, die sich allmählich zu urbanen Zentren entwickelten. Diese Entwicklung lässt sich am deutlichsten in Gortyn beobachten. Die Burg wurde um etwa 700 v. Chr. besiedelt und stand unter dem Schutz der Göttin Athena Poliouchos («Beschützerin der Burg»); im Laufe des 7. Jh. weitete sich die Siedlung aus, und mit der Gründung des Tempels von Apollon Pythios unterhalb der Burg entstand ein weiteres Viertel.

Diese Gemeinden darf man bereits als *Poleis* (Stadtstaaten) bezeichnen, also als urbane Siedlungen, die zugleich Zentren souveräner, unabhängiger Bürgergemeinden darstellten. In der befestigten Burg befanden sich die Tempel, die Versammlungsorte und der Sitz der Amtsträger; ein Teil der Bürger lebte in der Burg, ein anderer in der Hauptsiedlung oder in Gehöften auf dem Land, das von einer abhängigen Bevölkerung bestellt wurde. Die Entstehung der Polis als Stadtstaat wird in den Zeitraum vom 10. bis zum 6. Jh. datiert. Was Kreta betrifft, so ist unser wichtigstes Zeugnis ein Volksbeschluss von Dreros (ca. 650–600 v. Chr.), das früheste öffentliche Dokument in der Geschichte Europas: «(…) So hat die Polis beschlossen: Wenn jemand Kosmos (Oberbeamter) gewesen ist, darf er für zehn Jahre nicht (wieder) Kosmos sein. Wenn er aber (wieder) Kosmos wird, soll er selbst die Geldstrafen, zu denen er (andere) verurteilt, in doppelter Höhe schulden und amtsunfähig sein, solange er lebt; was er als Kosmos verfügt, soll nichts gelten …» Wenn im 7. Jh. eine Bürgergemeinde ihren Beschluss als Beschluss einer Polis bezeichnet, so heißt dies, dass zu jenem Zeitpunkt Polis nicht nur Burg, sondern auch Bürgergemeinde bedeutete.

Sind in den Dunklen Jahrhunderten kaum politische Institutionen oder klare soziale Strukturen zu erkennen, so liefern bildliche Darstellungen ab dem 10. Jh. v. Chr. zumindest indirekt Informationen über die sozialen Einrichtungen der Kreter. Die Jagdszenen auf Sarkophagen sind nicht als Darstellungen einer Freizeitbeschäftigung zu deuten, sondern als Hinweise auf die soziale Stellung der Toten als freie Männer und Krieger. Die Existenz einer einflussreichen Klasse von Kriegern wird auch durch Funde bestätigt – so durch das Grab eines dreißigjährigen Kriegers in Eleutherna (um 700 v. Chr.), der zusammen mit einem männlichen oder weiblichen Begleiter auf dem Scheiterhaufen verbrannt wurde. Ein Tumulus deckte seine Asche und seine Waffen; im Tumulus fand man auch das kopflose Skelett eines anderen Mannes, wahrscheinlich eines hingerichteten Gefangenen; die Hinrichtung (oder das Totenopfer) scheint in der Weise durchgeführt worden zu sein, wie es die Ilias bei der Bestattung des Patroklos beschreibt.

Auch die Funde aus dem wichtigsten Heiligtum dieser Zeit, der Idäischen Grotte, bestätigen die Existenz einer gehobenen Klasse von Kriegern. Wichtig in diesem Zusammenhang ist aber vor allem eine Gruppe von sieben Siegeln aus Elfenbein (um 700 v. Chr.) mit einer nur für diesen Ort charakteristischen Thematik. Dargestellt werden stets ein behelmter Mann und ein Pferd – Statussymbol des reichen Adels –, manchmal mit einem Hund oder einem Vogel. Die feste Ikonographie weist darauf hin, dass diese Weihungen solcher Gaben nach einer bestimmten Zeremonie vorgenommen wurden – vielleicht bei einem Ritual der Männerweihe. Auch die bekanntesten Weihungen in diesem Kultort, die reich verzierten Bronzeschilde, sind als Weihungen von Kriegern zu deuten.

Ein für das Verständnis der sozialen Institutionen dieser Zeit wichtiger Fundort ist das Heiligtum des Hermes Kedrites und der Aphrodite in Simi Viannou auf dem Heiligen Berg (Hieron Oros). Hier führten vom 10. bis frühestens zum 5. Jh. v. Chr. junge Männer (Epheben) ein lebenszyklisches Ritual der Männerweihe durch. Der Historiker Ephoros (4. Jh. v. Chr.) bezeichnet es als einen «spezifischen kretischen Liebesbrauch». Die Liebesbeziehung begann mit einem Menschenraub. Ein älterer Mann erwählte sich einen Heranwachsenden und kündigte den Freunden des Jungen seine Absicht an, ihn zu entführen. Diese durften den Plan nicht verraten, denn dadurch hätten sie die Ehre des Jungen verletzt; nur wenn der Entführer ihnen an Rang und Ansehen nicht würdig erschien, schritten sie ein. Der Mann brachte den Entführten erst zu seinem Männerhaus und dann zu einem Ort seiner Wahl auf dem Lande, häufig in den Bergen, wo er mit ihm zusammenlebte und jagte. Nach zwei Monaten ließ er seinen Liebling frei und gab ihm symbolträchtige Geschenke: ein Kriegsgewand, ein Rind für ein Opferfest und einen Becher. Es galt als besondere Ehre, ein Geliebter gewesen

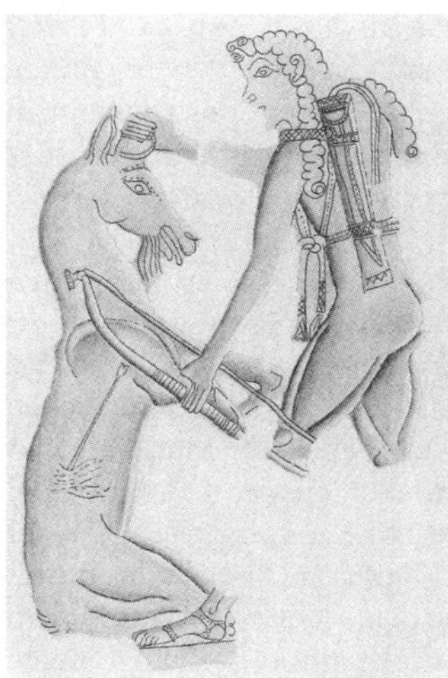

**Abb. 8–9: Täfelchen mit Darstellungen von Epheben (Hermes-Heiligtum in Simi)
Links: Ein Ephebe jagt eine Wildziege
Rechts: Ein Ephebe mit dem beim Ritual der Männerweihe geschenkten Mantel**

zu sein, als Schande, wenn man trotz seiner Attraktivität und Herkunft nicht auf diese Art entführt wurde. Der Entführte demonstrierte daher auch später durch besondere Kleider seinen Rang als ehemaliger Geliebter. Die Verbindung zwischen Liebhaber und Geliebtem bestand als Gemeinschaft im Kampf fort. Die ehemals Entführten hießen die «Danebengestellten», d.h. die Nebenleute in der Schlacht.

Auf dieses Ritual sind viele Weihungen in dem Heiligtum des Hermes Kedrites zu beziehen, vor allem Täfelchen aus dünnem Bronzeblech, die zu einem spezifischen ikonographischen Zyklus gehören. Sie wurden von den Besuchern des Heiligtums an die Bäume gehängt. Die Epheben werden bartlos, nackt und mit langem Haar dargestellt; der Bogen charakterisiert sie als Jäger. Gejagt wurden Wildziegen (Abb. 8); der junge Jäger brachte das verletzte Tier in den Kultbezirk und opferte es dort. Der dem Gott gehörige Teil wurde verbrannt, der Rest an die Freunde des Epheben verteilt. In einer Darstellung erkennt man einen jungen Mann mit langem Haar (Abb. 9); über seinen Körper hat er – man würde fast sagen: soeben – den reich verzierten Mantel gelegt, den er stolz vorführt; es handelt sich dabei um die neue, vom Liebhaber geschenkte Tracht. Zum Ritual der Männerweihe gehörte auch eine – ebenfalls aus dem dorischen Sparta bekannte – Mutprobe: die Selbstgeißelung des jungen Kriegers (Abb. 10).

Wie Hans-Joachim Gehrke dargelegt hat, spiegelten diese Rituale die soziale Hierarchie wider und bestätigten sie. Die Kombination des Berichtes von Ephoros und der viel älteren archäologischen Funde (10.–6. Jh. v. Chr.) zeigt, dass wir es mit einem sehr alten Übergangsritual der Männerweihe zu tun haben, das wahrscheinlich von den dorischen Stämmen eingeführt wurde. Die Liebesbeziehung zwischen altem Krieger und heranwachsendem Jungen war nicht (oder doch nicht vorrangig) Ausdruck von Sexualität, sondern eine streng reglementierte soziale Einrichtung, die die Epheben auf die Übernahme neuer Rollen als Bürger und Krieger vorbereitete.

Diese Rituale in Eleutherna, der Idäischen Grotte und Simi führen uns in die Welt der Gedanken und der durch Rituale gesteuerten Emotionen von Männern der Elite ein und verraten zugleich wesentliche Merkmale der sozialen Organisation Kretas: den militärischen Charakter, die Existenz einer Elite von Kriegern und die Rolle von Ehre und Schande, Rache und

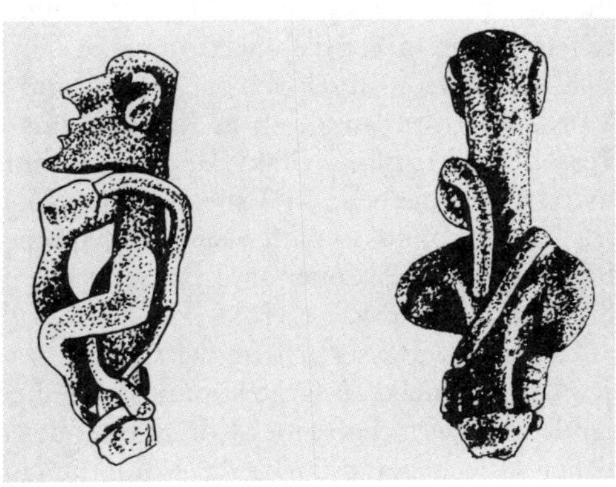

Abb. 10: Das Ritual der Selbstgeißelung

Kameradschaftsgeist. Diese Rituale wurden mehr oder weniger unverändert über Jahrhunderte praktiziert. Wenn sie in der Zeit der Einwanderung neuer Stämme identitätsstiftend wirkten, so festigten sie später die soziale Ordnung.

Damit sich die Mitglieder der Elite dem Krieg, der Jagd und der Geselligkeit widmen konnten, bedurfte es freilich jener Schicht, die auf dem Feld arbeiten und die für den Lebensunterhalt erforderlichen Erträge erwirtschaften musste. Mehr über die abhängige Bevölkerung erfahren wir erst seit dem 5. Jh. v. Chr. (§ 5.4). Die bildlichen Darstellungen und die reich verzierten Waffen (Brustplatten, Helme, Schilde usw.), die zu den Meisterwerken der archaischen Kunst Griechenlands zählen, setzen gleichfalls die Arbeit nicht zur Elite gehöriger, spezialisierter Handwerker voraus, die aber gewiss zu der dynamischen sozialen Gruppe dieses Veränderung bringenden Zeitalters gehörten.

Auch die adligen Frauen – Mütter und Gattinnen der Krieger – treten in dieser Epoche deutlicher in den Vordergrund, so z. B. in den aufwendigen Grabmonumenten von Prinias, auf denen Frauen der gehobenen Schicht bei ihrer wichtigsten Beschäftigung gezeigt werden: als Weberinnen. Auch diese Tätigkeit, bekannt für die adlige Frau der homerischen Gedichte, zeigt eine auffällige Konvergenz zwischen der Welt der homerischen Helden und der Gesellschaft Kretas zur Zeit ihrer Renaissance. Einen indirekten Hinweis auf die bedeutende Stellung der kretischen Frauen bieten die «Metronymika». In der Regel definiert sich eine Person durch seinen Namen und den Namen seines Vaters («Patronymikon»); in Kreta kennen wir aber mehrere Personen, die in Inschriften den Namen ihrer Mutter («Metronymikon») angeben: Ihr Vater war entweder ein Fremder oder ein Unfreier, und so galten sie als illegitime Kinder; für ihren Status als freie Personen und Bürger zählte aber der rechtliche Status ihrer Mutter.

Über die Verfassungsform der Gemeinwesen dieser Zeit wissen wir fast nichts. Infrage kommt – wie allgemein in Griechenland – die Herrschaft eines Königs oder des Adels. Wie im restlichen Griechenland dürfte das Königtum auch auf Kreta im 8.

oder frühen 7. Jh. verdrängt worden sein, ohne Spuren in den späteren Institutionen zu hinterlassen. Herrschaftsform muss seitdem die Aristokratie gewesen sein (§ 5.2). Als indirekten Hinweis auf die Rolle des Adels darf man die symbolische Bedeutung des Pferdes in dieser frühen Zeit ansehen. Von den Darstellungen von Pferden auf den Siegeln der Idäischen Grotte war bereits die Rede. Ein Reiterfries schmückte auch einen Tempel in Prinias (um 650 v. Chr.). Der Historiker Ephoros berichtet von der Behörde der *Hippeis* (Reiter) in den kretischen Städten – möglicherweise eine archaische Einrichtung. Es ist ferner auffällig, dass sehr viele kretische Personennamen Komposita mit dem Element *hippos* (Pferd) sind (Aristippos, Glaukippos, Hippokleidas, Kratippos u. a.), und dies, obwohl die Reiterei keine nennenswerte Bedeutung in der kretischen Kriegsführung hatte. Diese Personennamen gehen also wahrscheinlich auf die Zeit zurück, in der das Pferd Statussymbol einer Klasse von Reitern war. Das Fundament der wirtschaftlichen Macht des Adels war der Landbesitz und die Kriegsbeute – in einigen Regionen auch die Viehzucht.

Im 8. und 7. Jh. v. Chr. stellte Kreta in vielfacher Hinsicht – Schriftlichkeit, Handwerk, Kunst – eine der fortschrittlichsten Regionen Griechenlands dar. Im frühen 7. Jh. v. Chr. beteiligten sich Kreter gemeinsam mit Rhodiern an der Gründung der Kolonie Gela im Süden Siziliens. Als um 630 v. Chr. Kolonisten aus Thera Informationen über Nordafrika brauchten, weil sie dort eine Kolonie gründen sollten (das spätere Kyrene), zeigten kretische Seeleute ihnen den Weg (Herodot 4151). Der im 7. Jh. verfasste «homerische» Hymnos auf Apollon verbindet die Kreter mit der Gründung des Apollonheiligtums in Delphi. Doch gerade in dieser Zeit des deutlichen Aufschwungs von Handel, Handwerk und Kultur scheint Kreta plötzlich zu erstarren. Handel und Handwerk verlieren an Bedeutung, und die Institutionen folgen nicht den Entwicklungen der anderen griechischen Gebiete. Aber obwohl der Glanz der Renaissance verblasste, blieb Kreta für die anderen Griechen der Ort einer idealen Gesellschafts- und Staatsordnung.

5. Die erstarrte Insel: Staat und Gesellschaft in Kreta zwischen Utopie und Wirklichkeit (ca. 630–300 v. Chr.)

5.1 Die archaische Zäsur und das normative Zeitalter

Mitteilsame Menschen prägten die archaische Zeit Griechenlands (ca. 700–500 v. Chr.). Archilochos von Paros adressiert als Erster seine Verse an die eigene Seele, und ihm folgten viele Dichter, deren Werke von Liebe, Neid und Hass, Heldenmut und Verrat erzählen, von politischen Reformplänen und am eigenen Leib erfahrener Ungerechtigkeit. Zum ersten Mal unterschreiben selbstbewusste Künstler ihre Werke, stolze Stifter prahlen mit der Schönheit und Größe ihrer Weihungen, ehrgeizige Adlige etablieren als Tyrannen ihre nicht legitimierte Alleinherrschaft, und jene, denen kein Erfolg in der Heimat beschieden war, gründen neue Kolonien. Die Schriftlichkeit half ihnen, den Schleier der Anonymität zu zerreißen und ein Stück Ewigkeit zu erobern.

Wenn uns solche Männer und Frauen auf Kreta kaum bekannt sind, so liegt dies gewiss nicht an einem Mangel an Textzeugnissen. Im Gegenteil: Gerade im 7. und 6. Jh. v. Chr. ragt Kreta mit der Zahl seiner Inschriften hervor. Doch es sind Gesetzestexte, die uns Normen überliefern, aber uns keine Individuen vorstellen. Gerade die Texte, die in anderen Regionen von Eitelkeit, Schmerz und Stolz der Menschen berichten (Grabinschriften, Weihungen, Künstlersignaturen), fehlen auf Kreta so gut wie ganz. Dort treten in archaischer Zeit nur wenige Kreter für uns namentlich hervor: Der Sühnepriester, Wundertäter und Dichter einer Theogonie Epimenides (7. Jh. v. Chr.?) ist der berühmteste unter ihnen. Aber die Erzählungen über sein Leben lassen ihn ebensowenig als historische Gestalt fassen wie den legendären Gesetzgeber Spartas, Lykurg. Vom gortynischen Dichter und Gesetzgeber Thaletas (spätes 6. Jh.?) gab es immerhin einige Kompositionen, die noch Jahrhunderte später aufgeführt wurden. Die Bildhauer Dipoinos und Skyllis (um 580?) wurden außerhalb Kretas berühmt. Wenn wir aber nach Menschen aus Fleisch und Blut suchen, dann müssen wir uns mit jenem Erpetidamos von Phaistos begnügen, der um 680 stolz auf sein großes Vorratsgefäß schrieb: «Dieses Gefäß gehört Erpetidamos, dem Sohn der Paidophila».

Ist die archaische Zeit (wortwörtlich: «die Zeit des Beginns») für die meisten griechischen Regionen eine Zeit künstlerischen Aufschwungs und der kulturellen Erneuerung, aber auch eines stetigen Kampfes um die Macht, so geht in Kreta die künstlerische Produktion nach der Renaissance des 9. und 8. Jh. v. Chr. deutlich zurück.

Es mag überraschen, wenn Staat und Gesellschaft sowohl der archaischen (ca. 650–500) als auch der klassischen Zeit (ca. 500–300) hier in einem Zusammenhang, als eine einheitliche Periode der kretischen Geschichte behandelt werden. Im gleichen Zeitraum von 350 Jahren erlebte z. B. Athen den Aufstieg und den Niedergang des Adels, die Reformen Solons, die Tyrannis, die Einführung der Demokratie, die Perserkriege, den Aufstieg und Niedergang des attischen Imperiums; und auch im restlichen Griechenland ist eine deutliche Zäsur in der Zeit um 500–480 zu erkennen. Die wichtigsten Einschnitte in der Geschichte Kretas sind aber ins späte 7. Jh. und dann ins späte 4. Jh. v. Chr. zu datieren. Die archaische Zäsur wird einerseits durch die abrupte Unterbrechung der künstlerischen Entwicklung markiert, andererseits durch eine intensive Auseinandersetzung mit rechtlichen Normen. Dutzende von Inschriften (Gesetzestexte und das Rechtswesen betreffende Dokumente) informieren uns über die wichtigsten Aspekte des kretischen Rechts. Diese Auskünfte werden zudem noch durch die Angaben antiker Staatstheoretiker wie Platon («Gesetze») und Aristoteles («Politik») ergänzt. Über die möglichen Ursachen dieser Zäsur sagen unsere Quellen leider nichts. Erst ein Blick auf den allgemeinen historischen Kontext erlaubt vielleicht eine Antwort.

Die wichtigsten Entwicklungen im archaischen Griechenland bilden die Kolonisation, der Aufstieg des Adels und neuer sozialer Schichten sowie die sozialen Konflikte und Auseinandersetzungen um die Herrschaft und die Form der Verfassung. Die Stabilisierung der Verhältnisse nach den Dunklen Jahrhunderten und die Gründung größerer Siedlungen führten zu einem Bevölkerungswachstum, demzufolge zu einer wachsenden Zahl von Personen ohne Landbesitz und zu sozialen Unruhen. Derartige Phänomene wiederholten sich periodisch in der griechischen Geschichte; die Lösungsstrategien blieben stets die gleichen: Eroberungskriege, um neues Territorium zu gewinnen, oder Migration eines Teils der Bevölkerung, um Land in anderen Regionen zu finden (vgl. § 6.2–3). Die große griechische Kolonisation, eine Reaktion auf solche Probleme, veränderte das Gesicht der griechischen Welt. Die beteiligten Poleis gewannen durch die Ausbeutung der Ressourcen ihrer «neuen Welt» und durch den intensiven Handel wirtschaftliche Macht. Die großen Gewinner der Kolonisation waren drei soziale Gruppen: die adligen Grundbesitzer, welche die politische Führung hatten, die Handwerker und die Händler – auch Letztere waren oft adliger Herkunft.

Der Handel – oft verbunden mit Seeraub – lag meist in den Händen unternehmungslustiger Aristokraten, die dank ihrer militärischen Erfahrung und ihrer Autorität andere Männer unter ihre Führung scharten, die gefährliche Seereisen unternahmen. Die neuen Möglichkeiten für Export und Tausch hatten natürlich Auswirkungen auch auf die Herstellung von Waren im eigenen Land: Man war nun bemüht, Überschuss zu produzieren. Der Ursprung des Reichtums dieser drei Gruppen mag unterschiedlich gewesen sein, ihr Ziel aber war das gleiche: Erlangung, zumindest aber Teilhabe an der politischen Führung. Dies musste unausweichlich zu Konflikten führen. Denn in einer Zeit, in der der Besitz von Land nicht zuletzt symbolischen Wert hatte und die Besetzung der Ämter in einem Gemeinwesen das Privileg der Mitglieder weniger adliger Familien darstellte, konnte die wirtschaftliche Macht der Aufsteiger weder richtig gemessen noch in politische Macht umgewandelt werden. Einen Wandel brachte aber seit dem späten 7. Jh. v. Chr. die Einführung des Geldes, das den Wert von so unterschiedlichen Dingen wie einem Pferd, einem Hektar Weinberg, einer Lanze, einem Teppich, der Mitgift einer Frau oder einem getöteten Menschen («Wergeld») in einer einheitlichen Form zum Ausdruck bringen konnte.

So vermitteln die zeitgenössischen Quellen das düstere Bild einer von Konflikten zerrissenen Welt. Die Übermacht großer Familien charakterisierte die archaische Gesellschaft. Jeder Adlige hatte so viel Macht, wie er gegenüber anderen durchzusetzen vermochte bzw. wie ihm die anderen zugestanden, und so entstand eine permanente Konkurrenzsituation. Dies führte in den meisten Orten zur Entwicklung von konkreten Regeln über die Aufteilung der Macht. Das früheste Zeugnis dieser Bemühung stammt aus Kreta: der bereits erwähnte Beschluss des Volkes von Dreros über die Beschränkung der Amtszeit von Magistraten (§ 4.2). Dieser Text zeugt von der Absicht, Konflikte mit rechtlichen Reformen zu lösen. In dieser Hinsicht steht Kreta keineswegs allein. Eine der bedeutendsten Entwicklungen der archaischen Zeit war die Gesetzgebung zur Reformierung des geltenden Rechts, um der neuen Situation Rechnung zu tragen, bzw. zur Festigung des geltenden Rechts oder zur Schaffung von Normen, die jede weitere Entwicklung verhinderten, ja verboten. Die kretischen Gemeinden wählten den zweiten Weg.

Bis zum späten 7. Jh. folgte Kreta den allgemeinen Entwicklungen der griechischen Welt; der Aufschwung des Handwerks ist in den erhaltenen Arbeiten erkennbar, und von einer Beteiligung an der Kolonisation berichten die historischen Quellen. Eine Fortsetzung dieser Entwicklung führte in anderen Gebieten dazu, dass die sozialen Aufsteiger ihren Anspruch auf Beteiligung an der Herrschaft geltend machten und dadurch Veränderungen der Gesellschaft und der Verfassung herbeiführten.

Dazu ist es aber auf Kreta nicht gekommen. Auseinandersetzungen im 7. Jh. werden nicht direkt überliefert. Aus dem rapiden Niedergang des Handels und des Handwerks sowie der Bewahrung einer archaischen Gesellschafts- und Verfassungsordnung müssen wir schließen, dass die herrschenden Gruppen Maßnahmen trafen, um entsprechende Veränderungen zu verhindern – vielleicht unter dem Eindruck der Erfahrungen, die man andernorts gemacht hatte. Diese Maßnahmen erwiesen sich als erfolgreich. Zwar hören wir gelegentlich von Konflikten (z. B. von einem Bürgerkrieg in Knossos um 470 v. Chr. und von Streitigkeiten unter den Beamten im späten 4. Jh.), aber trotzdem blieb diese archaische Struktur bis zur Eroberung der Insel durch die Römer (67 v. Chr.) im Wesentlichen unverändert. Kreta war nicht nur in geographischer Hinsicht eine Insel; sie blieb auch eine Insel der archaischen Zeit in einer sich stets verändernden Welt.

Diese Erklärung ist natürlich nur eine Hypothese, die sich auf Rückschlüsse aus jener Verfassungs- und Gesellschaftsordnung stützt, die man im 5. Jh. überall auf Kreta findet; sieht man von sehr wenigen Abweichungen ab (z. B. in der Bezeichnung einiger Ämter), so scheinen beinahe alle kretischen Poleis die gleichen Institutionen gehabt zu haben. Eine derart rigide und in ganz Kreta geltende, einheitliche Ordnung ist umso erstaunlicher, wenn man die unterschiedliche Herkunft der Bevölkerung und die sehr große Zahl der Gemeinwesen (sicher mehr als 60) in Betracht zieht. Sie kann schwerlich das Ergebnis einer natürlichen Entwicklung gewesen sein; sie kann auch nicht ohne Konflikte zwischen der Elite und den Aufsteigern etabliert worden sein, und zudem setzt sie Verhandlungen zwischen den Eliten vieler Gemeinden voraus.

Die archaische Zeit ist eine kosmopolitische Zeit, in der die Adligen verschiedener Orte stets miteinander verkehrten, die Zeit, in der sich zentrale Heiligtümer (z. B. Delphi und Olympia) als panhellenische Heiligtümer entwickelten. Solche Heiligtümer, zu denen Kultteilnehmer aus vielen Regionen kamen, waren nicht nur religiöse Zentren, sondern auch Orte des Austausches von Informationen und Gedanken. Auch auf Kreta gab es solche überregionalen Heiligtümer: die Idäische Grotte auf dem Berg Ida, das Heiligtum des Hermes in Simi, das Heiligtum des Zeus Diktaios bei Palaikastro in Ostkreta. Gerade diese Orte waren geeignet, Diskussionsforen für aktuelle gesellschaftliche Entwicklungen und Problemlösungen zu werden. Eine bewusste Vereinheitlichung der Verfassungs- und Gesellschaftsordnung auf Kreta wäre also durchaus möglich gewesen, und tatsächlich heben Legenden über die Gesetzgeber dieser Zeit gerade dies hervor: Ihre gesetzgeberische Tätigkeit war auch außerhalb ihrer eigenen Polis bekannt, auch andere Gemeinden luden sie ein, um Konfliktsituationen aufzulösen und neue Gesetze zu geben. Diesen Institutionen wenden wir uns nun zu, und zwar in der Form, in der wir sie aus dem 5. und 4. Jh. kennen.

5.2 Staat und Verfassung

Staatsform. Die vorherrschende Staatsform auf Kreta war, wie bereits erwähnt, die Polis, das Gemeinwesen, das mit seinen Mitgliedern – den Bürgern – identisch war; das Gemeindeland war gemeinsames Eigentum der Bürger, und die Einnahmen des Gemeinwesens wurden unter den Bürgerfamilien aufgeteilt. Neben den Bürgern und ihren Familien gab es allerdings eine breite und uneinheitliche Bevölkerungsgruppe ohne Bürgerrechte. Sie umfasste die Fremden und eine abhängige Bevölkerung mit uneinheitlichem rechtlichen Status (§ 5.3).

Das Herz der kretischen Polis bildete die urbane Siedlung (*asty*). In der klassischen Zeit befanden sich die urbanen Zentren in der Regel nahe am Meer auf Hügeln. Die kretischen Poleis besaßen eine Burg (*akropolis*) – manchmal zwei (Eleutherna) oder drei (Praisos) –, die nicht immer befestigt war. Die Siedlung dehnte sich außerhalb der Burg auf den Abhängen der Hügel aus. Hier befanden sich die privaten Häuser der Bürger und ihrer Haussklaven, die Werkstätten und die öffentlichen Bauten: kleine Tempel, der Sitz der obersten Beamten (*prytaneion* bzw. *archeion*) und die Männerhäuser (*andreion*, § 5.3). Der Versammlungsort (*agora*), wo auch Prozesse und Adoptionen stattfanden, befand sich in der Regel auf einem Plateau.

Jede Polis hatte ein Territorium (*chora*, *ga*) unterschiedlichen Umfangs, das aus privatem, Gemeinde- und heiligem Land bestand. Die Größe des Territoriums hing von der Macht der Polis oder von ihrer geographischen Lage ab. Im Umland des urbanen Zentrums befanden sich Friedhöfe, extraurbane Heiligtümer, Wachposten und Festungen, private Gehöfte sowie die vielen kleinen und größeren Siedlungen der abhängigen Bevölkerung: Dörfer von Hörigen, Viertel für fremde Handwerker und freigelassene Sklaven, abhängige Orte mit einem gewissen Grad an Selbstverwaltung und Hafenstädte. Die Bevölkerungsunterschiede zwischen den einzelnen Poleis müssen beträchtlich gewesen sein. Die größeren Poleis hatten wohl 2000–3000 Bürger (ca. 6000–15 000 freie Einwohner), die kleineren weniger als 500; hinzu kommt die unfreie oder abhängige Bevölkerung, die zumindest in den Poleis mit einem großen Gebiet wesentlich zahlreicher als die freie Bevölkerung gewesen sein muss.

Eine zweite Form des Gemeinwesens war das *Koinon*, das aus mehreren kleinen Siedlungen bestehende Gemeinwesen ohne zentrales urbanes Zentrum, aber mit einheitlichem Bürgerrecht und einheitlichen Institutionen. In der klassischen Zeit kennen wir nur ein Gemeinwesen ohne urbanes Zentrum, und zwar den Stamm der Arkader in der Region des Hochplateaus von Lassithi.

Bürgerrecht. In Kreta wie allgemein im antiken Griechenland war das Bürgerrecht Privileg eines Teils der Bevölkerung. Die wichtigste rechtliche Voraussetzung für das Bürgerrecht war die Freiheit. Der Bürger war frei, und zwar schon von seiner Geburt her (also kein Freigelassener). Ferner musste der Bürger aus einer Bürgerfamilie stammen. Fremden wurde das Bürgerrecht in sehr seltenen Fällen verliehen; erst in der hellenistischen Zeit wurden Bürgerrechtsverleihungen an Fremde – vor allem aufgrund von Staatsverträgen – häufiger (§ 6.3). Weitere Voraussetzung für das Bürgerrecht war die Teilnahme an der vom Gemeinwesen kontrollierten Erziehung (§ 5.3). Anschließend wurden alle jungen Männer der gleichen Altersklasse in einer offiziellen Zeremonie in die Bürgerschaft aufgenommen und leisteten den Bürgereid. Alle den Bürgern zustehenden Rechte – auch Zugang zu den Ämtern – erhielten sie aber erst mit dem 30. Lebensjahr.

In sozialer Hinsicht war der Bürger Mitglied einer Gruppe blutsverwandter Personen, einer Familie (*oikos*). Mehrere Familien bildeten ein Geschlecht (*genos*), mehrere Geschlechter zusammen die in politischer Hinsicht wichtigste Gruppe der Bürgerschaft, die *phyle* oder *startos* (= *stratos*, «Heeresabteilung»). Die Phylen waren im Grunde genommen militärische Einheiten. Ihre Anführer trugen die Bezeichnung *Kosmoi*, «jene, die ordnen», d.h. jene, die das Heer aufstellen. Nach einem in ganz Kreta zu beobachtenden System des turnusmäßigen Wechsels der Phylen in der Herrschaft waren die Kosmoi einer Phyle ein Jahr lang die obersten Magistrate der Gemeinde. Der Bürger gehörte ferner einem Männerhaus (*andreion*) an. Seine Mitglieder trainierten und nahmen gemeinsam ihre Mahlzeiten ein (§ 5.3). Das Bürgerrecht konnte Personen abgesprochen werden, wenn diese etwa Schulden hatten, in einem Prozess verurteilt worden waren oder Feigheit im Krieg gezeigt hatten usw.

Die wichtigsten Rechte eines Bürgers waren das aktive und passive Wahlrecht und die Teilnahme an der Volksversammlung, die Möglichkeit, eine legitime Ehe zu führen, ferner eine bevorzugte Behandlung im Strafrecht und die Teilnahme an der vom Staat beaufsichtigten Erziehung sowie Mitgliedschaft in Gruppen von Männern, die zusammen speisten. Die beiden letzten Merkmale erinnern sehr stark an zwei soziale Institutionen der Spartiaten, die staatliche Erziehung (*agoge*) und die gemeinsamen Mahlzeiten (*syssitia*). Gehen diese Merkmale auf einen gemeinsamen alten Ursprung zurück, oder wurden sie erst im Laufe der früharchaischen Zeit eingeführt? Darüber hinaus durften ausschließlich Bürger Land besitzen oder pachten und an den Kulten teilnehmen. Die Verleihung des Bürgerrechts in den hellenistischen Inschriften wird mit der Formel «Anteil haben an göttlichen und menschlichen Dingen» zum Ausdruck gebracht, und diese Formulierung spiegelt prägnant die Tatsache wider, dass die Bürger nicht nur eine Gemeinschaft privilegierter Menschen waren, sondern auch eine Kultgemeinschaft. Die Bedeutung des Bürgerrechts zeigt auch das Strafrecht von Gortyn, welches für das gleiche Vergehen unterschiedliche Geldstrafen vorsah – je nachdem, ob der Täter bzw. das Opfer Bürger war oder nicht.

Politische Institutionen. In Kreta war das Königtum spätestens im 7. Jh. v. Chr. abgeschafft worden. In historischer Zeit finden wir die für alle griechischen Verfassungen typische Einteilung in drei Institutionen: Versammlung, Rat und Beamte. Die Legislative lag bei der Versammlung der Bürger (*damos*, *agora*, *polis*, *koinon*, *ekklesia*). Wohl seit hellenistischer Zeit wurde die Versammlung regelmäßig einberufen, mindestens einmal im Monat. Den Vorsitz hatten die obersten Beamten, die Kosmoi. Nach Aristoteles hatte die Versammlung das Recht, Anträge anzunehmen oder abzulehnen, nicht aber das Initiativrecht oder das Recht, über Anträge zu diskutieren. Die Bürger hatten freilich genügend Gelegenheiten, während der gemeinsamen Mahlzeiten zu beraten. Die Versammlung war für alle Entscheidungen zuständig, nicht zuletzt über Krieg und Frieden und für die Genehmigung von Verträgen.

Die kretischen Städte hatten einen Rat (*bola*, *preigeia*). Das Wort *bola* (*boule*) bezeichnet ein Gremium, das berät und wahrscheinlich Anträge stellt. Die Bezeichnung *preigeia* (*presbeia*, Ältestenrat) zeigt, dass zumindest ursprünglich der Rat ein Ältestenrat war. Jener hatte Aristoteles zufolge 30 auf Lebenszeit amtierende Mitglieder (ehemalige Beamte), aber seine Informationen werden von anderen Quellen nicht bestätigt. Der Rat beaufsichtigte die Beamten und hatte das Recht, Geldstrafen zu verhängen, wenn die Kosmoi ihre Pflichten oder die Gesetze verletzten.

Die dritte Institution jeder griechischen Gemeinde bildeten die Beamten. Die wichtigsten unter den wenigen Beamten der kretischen Städte waren die Kosmoi. Ihre primäre und ursprüngliche Aufgabe war, wie schon erwähnt, die Aufstellung des Heeres, und zwar separat nach Bevölkerungseinheiten (Phylen). Das gesamte Kollegium der Kosmoi wurde jedes Jahr von je einer anderen Phyle gestellt. In den meisten Poleis gab es drei bis vier Phylen. So hatte jede Phyle alle drei oder vier Jahre die Gelegenheit, die Geschäfte des Staates zu leiten. Nach Aristoteles hatte jede Polis 10 Kosmoi, aber in den Inschriften variiert die Zahl – von 3 bis 10.

Aristoteles verdanken wir auch die Nachricht, dass die Kosmoi von bestimmten vornehmen Familien gestellt wurden. Ob dies von einer aristokratischen Verfassung bestimmt oder nur die natürliche Folge der Tatsache war, dass einige Familien mächtiger, reicher und mithin einflussreicher als andere waren, wissen wir nicht. Die Wiederwahl war erst nach Ablauf einer Frist (10 Jahre in Dreros, 3 in Gortyn) möglich. Diese Beschränkung garantierte die turnusmäßige Abwechslung der Phylen in der Führung, und verhinderte, dass ein Beamter länger als ein Jahr gerichtliche Urteile fällen konnte und selbst Immunität genoss. Die Aufgaben der Kosmoi sind hauptsächlich aus hellenistischen Inschriften bekannt. Sie bereiteten die Anträge für die Volksversammlung (zusammen mit dem Rat?) vor, führten den Vorsitz in der Versammlung, verhandelten mit Gesandten und beaufsichtigten die Rechtsprechung; zuweilen fungierten sie selbst als Richter, waren verantwortlich für die Kulte und die öffentlichen Bauten und verwalteten das Vermögen des Gemeinwesens. Vor allem aber waren sie militärische Führer. Es gibt Anzeichen für eine Aufgabenteilung. Einer unter den Kosmoi fungierte als Vorsitzender, ein anderer war für Kulthandlungen zuständig (*hiarorgos*). In ihrer Arbeit wurden sie von einem Schreiber (*mnamon* = «der Erinnernde») unterstützt. In einigen großen Städten (z. B. Gortyn) finden wir auch Beamte mit speziellen Aufgaben, etwa der «Eintreiber von Geldstrafen» (*eisprattas*, *titas*), der Aufseher des Marktes (*agoranomos*), die «Untersucher» (*ereutai*), der Schatzmeister (*tamias*).

Die Institutionen der kretischen Städte, so lässt sich zusammenfassen, waren einfach in ihrer Struktur. Sie dienten zur Erledigung der wichtigsten Angelegenheiten des öffentlichen Lebens: Krieg, Rechtsprechung und Ausübung des Kultes – mit anderen Worten das Austragen der Konflikte mit den Nachbarn, die Beilegung der Konflikte mit den Mitbürgern, die Bemühung um Konfliktvermeidung mit den Göttern. Aus den politischen Institutionen selbst kann man den Charakter der Verfassung nicht unmittelbar erkennen. Der aristokratische Charakter der kretischen Poleis wird jedoch deutlich, wenn wir die Organisation der Gesellschaft näher betrachten.

5.3 Gesellschaftsordnung und soziale Institutionen

Unsere wichtigste Quelle für die kretische Gesellschaft stellen die Inschriften dar, und unter ihnen ragt die große, bereits erwähnte, Rechtsinschrift von Gortyn (um 450 v. Chr.) besonders hervor (Abb. 11). Ohne eine systematische Kodifizierung des geltenden Rechts darzustellen, befasst sich dieser Text mit einer Vielfalt von Fragen des Vermögens-, Privat-, Familien- und Strafrechts. Nicht alle Bestimmungen dieses Textes gelten aber notwendigerweise auch für andere Städte, und vor allem bezüglich der Stellung der unfreien Personen muss man mit regionalen Unterschieden rechnen.

Erziehung. Die kretische Bürgergesellschaft war im Wesentlichen eine militärisch geprägte Gesellschaft. Die Versammlung der Bürger war die Versammlung des militärischen Aufgebots, die obersten Beamten waren militärische Befehlshaber, die Unterabteilungen der Bürgerschaft waren Heeresabteilungen. Die Ausbildung des Bürgers diente vor allem der Vorbereitung auf den Krieg. Von frühester Kindheit an, wahrscheinlich ab dem 7. Lebensjahr, übten sich die Jungen der kretischen Bürgerfamilien im Kampf. Sie lernten auch schreiben und lesen, lernten die Gesetze ihrer Polis auswendig und beschäftigten sich mit Musik und Sport; vor allem aber trainierten sie ihren Körper. Die Kinder der Mitglieder eines Männerhauses bildeten eine Truppe, die gegen die von anderen Männerhäusern gestellten Truppen kämpften. Aber auch jenseits der regelmäßig durchgeführten Kämpfe, zeigte sich das Leben gleich von frühester Kindheit an von seiner härtesten Seite, und die kretischen Gemeinden versuchten, mit Normen das Gewaltpotential unter Kontrolle zu halten. Ein sehr fragmentarisches Gesetz aus Eltynia (um 500) listet Geldstrafen für verschiedene Verfehlungen im Zusammenhang mit dem Training der Knaben auf: «Wenn einer mit der Hand verletzt, ...; wenn Blut aus der Nase fließt, ...; wenn einer bei der Verteidigung zuschlägt, ...; wenn ein Mann einen Knaben schlägt, ...; wenn ein Ephebe (*agelaos*) einen Knaben beleidigt, ... usw.» Manchmal blieb es nicht bei einer blutenden

Abb. 11: Die Rechtsinschrift von Gortyn (ca. 450 v. Chr.)

Nase, und dann konnten Raufereien zu richtigen Familienfehden ausarten.

Vom 18. Lebensjahr an wurden die jungen Männer in Gruppen gleichaltriger Epheben zusammengeschlossen, in «Herden» (*agela*). Ein Junge aus gutem Hause ergriff die Initiative, eine Agela unter seiner Führung zu bilden, für die sein Vater die Verantwortung trug. Auch hier erkennt man deutlich den aristokratischen Charakter der kretischen Gesellschaft. Wichtige Tätigkeiten in diesem Lebensabschnitt waren der Tanz, die Jagd, Laufwettkämpfe und Waffenübungen. Alle Komponenten der Erziehung der jungen Kreter dienten dem gleichen Ziel: der Herausbildung guter Bürger, und dies waren in erster Linie kriegstüchtige, gesetzestreue und patriotisch gesonnene Männer.

Musik war für die Kreter nicht Unterhaltung, sondern Ausdruck höchster Ordnung, Medium für den Lobpreis der Götter, und durch Musik lernten die Jungen, sich den harmonischen Bewegungen der Gruppe zu fügen. Musik spielte auch in der Kriegsführung eine große Rolle: Flöten- und Leierspieler begleiteten die Jungen in ihren Übungsschlachten und später die Soldaten im richtigen Krieg. Der Waffentanz (*enoplios orchesis* oder *pyrrhichos*) – angeblich eine Erfindung der kretischen Bergdämonen, der Kureten – oder der Tanz im Götterdienst waren dementsprechend keine Schaustellungen, sondern bedeuteten die Erfüllung von Aufgaben für das Gemeinwesen. Über Musik und Gesang lernten die jungen Kreter die Mythen ihrer Götter und die Heldentaten der Vorfahren kennen.

Die geographischen Bedingungen Kretas führten zur Spezialisierung der Krieger auf bestimmte Bereiche. Der gebirgige Charakter der Insel war weder für eine Kavallerie noch für Schlachten zwischen großen Armeen geeignet. So wurden die Kreter Meister im Legen von Hinterhalten, im plötzlichen Angriff und in der schnellen Bewegung durch unwegsames Gelände. Für diese Kampfesweise brauchte man leichte Bewaffnung und schnelle Beine. Neben Schwert und Schild war daher der Bogen die wichtigste Waffe. Die kretischen Bogenschützen waren seit dem 5. Jh. begehrte Söldner, auch in fremden Armeen, z. B. um 455 v. Chr. im Heer der aufständischen Ägypter gegen die Perser und um 400 im Herr der «Zehntausend» des persischen Prinzen Kyros. So war auch die Jagd also mehr als eine bloße Freizeitbeschäftigung; sie war Übung im Bogenschießen und in der geschickten Bewegung im Gebirge. Unter den athletischen Disziplinen ragten die Kreter in einer einzigen hervor: im Langlauf (*dolichos*). Zu den Aufgaben des für eine «Herde» verantwortlichen Bürgers gehörte die Veranstaltung von Laufwettkämpfen; der Terminus «Läufer» (*dromeus*) bezeichnet den jungen Bürger zwischen 20 und 30 Jahren. Aus dem 5. und 4. Jh. kennen wir fünf Kreter, die bei den Olympischen Spielen in dieser Disziplin den Sieg davontrugen.

Besonders charakteristisch für die Komponenten der kretischen Erziehung ist ein hellenistisches Epigramm für einen gewissen Pratalidas (*Anthologia Graeca* 7,449): «Eros gab dem Pratalidas Liebe zu Knaben ein, die Musen Tanzkunst, Artemis Jagd, Ares die Lust an der Schlacht. Konnte an Glück es da fehlen dem Mann aus Lykastos, dem ersten so in Liebe und Gesang wie auch bei Waidwerk und Kampf?» Dieses Gedicht nennt die

Lieblingsbeschäftigungen der Kreter. Liebe, Jagd und Tanz sind hier im militärischen Kontext zu sehen.

Männerhäuser und gemeinsame Mahlzeiten. Vorbereitung für das Leben des Mannes bedeutete zugleich auch Vorbereitung auf die politische Auseinandersetzung. Der Ort dieser Übungen war das Männerhaus (*andreion*), wo man nicht nur gemeinsam speiste, sondern auch Geschichten erzählte und die alltäglichen politischen Geschäfte besprach. Jeder Bürger gehörte einer Genossenschaft (*hetaireia*) an, wahrscheinlich einer seiner freien Wahl. Die Speisung (*syssition*) in diesen Männerhäusern war sehr streng reglementiert und unterlag bestimmten Ritualen. Die Mitglieder aßen am gleichen Tisch, zusammen mit den unmündigen Jungen ihrer Familien. Für die Organisation war eine Frau zuständig, der aber Sklaven zur Hand gingen. Die älteren Bürger durften ohne Einschränkungen Wein trinken, und die tapfersten Männer erhielten größere Portionen bei den Mahlzeiten. Während der Speisung wurden politische Angelegenheiten diskutiert; die Älteren erzählten von Heldentaten und früheren Kriegen, und die Jüngeren wurden auf diese Art und Weise in die Traditionen ihrer Polis eingeführt. Dem Männerhaus stand ein Vorsteher (*archos*) vor; für die Konflikte unter Mitgliedern eines Hauses gab es spezielle Schiedsrichter.

Die Finanzierung der gemeinsamen Mahlzeiten in der Stadt Lyttos beschreibt der Lokalhistoriker Dosiadas (*Fragmente der griechischen Historiker* 458 F2, in der Übersetzung von S. Link): «Die Lyttier bestreiten die gemeinsamen Syssitien folgendermaßen: Von den erzielten Erträgen bringt jeder den zehnten Teil in die Hetairie (Genossenschaft) ein sowie die Einkünfte der Stadt, welche die Vorsteher der Stadt den Häusern der einzelnen (Bürger) zuteilen. Von den Sklaven steuert jeder pro Kopf einen äginetischen Stater (Währungseinheit) bei.» Die Syssitien wurden also aus drei Quellen finanziert: aus den festen Beiträgen der unfreien Bauern (§ 5.4), aus einem Beitrag der Bürger und aus den Einnahmen der Gemeinde, die unter den einzelnen Haushalten (oder Familien) des Gemeinwesens aufgeteilt wurden. Vermutlich wurden alle Beiträge erst vom Gemeinwesen gesammelt und dann von den Beamten aufgeteilt, vermutlich proportional zur Zahl der Bürger in jedem Männerhaus; ein derartiges Verfahren verhinderte, dass die Männerhäuser, zu denen wohlhabende Bürger gehörten, reicher als andere waren; darüber hinaus erklärt eine zentrale Sammlung, warum jeder Unfreie (also unabhängig von der Größe des Grundstücks, an das er gebunden war) den gleichen Beitrag (eine Art Kopfsteuer) zu leisten hatte; dieses Verfahren lässt sich ferner mit der Existenz der Behörde der *karpodaistai* («Verteiler der [Feld-]früchte») in Gortyn in Verbindung bringen, die für die Verteilung der Einkünfte zuständig gewesen zu sein scheint.

Dieses System war gerechter als das spartanische. In Sparta hatte jeder Bürger einen festen Beitrag zu leisten; war er dazu nicht in der Lage, so verlor er das volle Bürgerrecht. In Kreta bezahlte jeder Bürger einen Beitrag, der seinen Möglichkeiten entsprach. Das erklärt wohl auch, warum das System offenbar unverändert bis ins 1. Jh. v. Chr. fortbestehen konnte. Männerhäuser werden in hellenistischen Inschriften zumindest bis zum späten 2. Jh. v. Chr. erwähnt.

Landbesitz und Erbschaft. Die wirtschaftliche Basis der Bürger war im Wesentlichen der Landbesitz. Mit den Erträgen der landwirtschaftlichen Produktion und der Viehzucht gewährleistete der Bürger seinen Beitrag für die Syssitien, und je größer der Landbesitz, desto größer war das Ansehen der Familie. Aus diesem Grund beschäftigte sich das frühe kretische Recht primär und sehr intensiv mit Fragen des Erb- und Familienrechts, d. h. der Legitimität der Kinder, die erben durften. Im Grundsatz galt – so im Recht von Gortyn –, das Land möglichst ungeteilt zu erhalten. Wenn der Eigentümer starb, wurde das Land zwar unter den Söhnen aufgeteilt, wobei aber der Anteil der adoptierten Söhne nur halb so groß war wie jener der natürlichen Söhne. Wenn der Landbesitzer keine Söhne hatte, konnte er einen Sohn adoptieren, der das Land erbte. Starb er ohne Söhne, durfte die Tochter («Erbtochter») nicht selbst erben; sie war stattdessen verpflichtet, einen Verwandten zu heiraten; erst ihre Söhne, d. h. die Enkel des Eigentümers, durften erben, damit das Vermögen in der Familie blieb. Wenn kein Verwandter zur Heirat bereit war, durfte die «Erbtochter» ein Mitglied der gleichen Phyle heiraten – musste aber nicht.

Fremde und Apetairoi. Der soziale Status war nicht auf die abhängige Bevölkerung hie und Vollbürger da beschränkt, sondern es gab weitere soziale Abschattierungen. Die freien Fremden waren eine nicht besonders zahlreiche, in wirtschaftlicher Hinsicht aber bedeutsame Gruppe. Freie, die jedoch kein Bürgerrecht hatten, boten sich als spezialisierte Handwerker, als Waffenhersteller, Künstler oder Schreiber an. Freie Personen ohne Bürgerrecht waren auch die freigelassenen Sklaven, die in Gortyn ein eigenes Viertel (Latosion) bewohnten; sie standen unter der Aufsicht des *Xenios Kosmos* («der für Fremde verantwortliche Kosmos»).

Einige Bürger verloren ihr volles Bürgerrecht, nicht aber die Freiheit, und fielen in die Kategorie der *Apetairoi*, der aus den Hetaireiai Ausgeschlossenen. Die Kinder aus Mischehen zwischen Personen von bürgerlichem Status und Unfreien waren zwar frei, hatten aber möglicherweise einen anderen Status als die Kinder aus der Ehe zwischen Bürgern.

Frauen. In einer Gesellschaft, in der die Männer viel Zeit fern von ihrer Familie verbrachten, war die Stellung der Frau stark. Es ist bezeichnend, dass die Kreter angeblich nicht vom Vaterland (*patris*), sondern vom Mutterland (*matris*) sprachen. Die Frauen besaßen zwar nicht das volle Bürgerrecht, nahmen an der Volksversammlung nicht teil, wählten nicht, durften auch kein Land besitzen. Aber als Mitglieder von Bürgerfamilien und Mütter von Bürgern konnten kretische Frauen das Bürgerrecht weitergeben. Frauen waren ferner Mitglieder von Phylen, nahmen am religiösen Leben aktiv teil, waren für die Erziehung der kleinen Kinder allein verantwortlich und hatten mehr Rechte auf Vermögen als die Frauen in anderen griechischen Gebieten.

So hatte dem Recht von Gortyn zufolge die Frau Anspruch auf einen Teil der Erbschaft – wenn auch nur an beweglichen Gütern –, und zwar auf die Hälfte des Anteils eines Sohnes.

Nach der Hochzeit teilte sie mit ihrem Mann die Einkünfte aus ihrem Vermögen, die sie auch nach der Scheidung oder nach dem Tod des Mannes behielt. Ihr Vermögen erbte nicht der Ehemann, sondern ihre Kindern oder – wenn sie kinderlos starb – die Verwandten väterlicherseits. Alles, was sie selbst herstellte (Kleidung, Teppiche usw.), war ihr Eigentum; ihr gehörten auch erhaltene Geschenke – allerdings nur bis zu einer bestimmten Höhe des Wertes, damit durch Geschenke nicht die Erben oder das Männerhaus des Mannes oder des Vaters benachteiligt wurden. Als Erbtochter konnte eine Frau die Ehe mit einem Verwandten verweigern.

5.4 Die unfreie und abhängige Bevölkerung

In der *Agela* und im *Andreion* bildete sich die Identität des kretischen Bürgers heraus. Diese Identität wird sehr schön von einem Lied ausgedrückt, das beim Waffentanz oder während der Syssitien gesungen wurde (übers. F. Gschnitzer): «Mein großer Reichtum sind Speer und Schwert und der schöne Schild, der Schutz des Leibes. Damit nämlich pflüge ich, damit ernte ich, damit keltere ich den süßen Wein von der Rebe, damit heiße ich Herr der Sklavenherrschaft. Die aber Speer und Schwert nicht zu halten wagen und den schönen Schild, den Schutz des Leibes, die fallen alle zu meinen Füßen nieder und küssen mein Knie, indem sie mich ihren Herrn und großen König nennen.» Dieses Lied zeigt prägnant die beiden Säulen der kretischen Gesellschaft: einerseits die militärische Orientierung, andererseits die Herrschaft der Elite über eine – rechtlich sehr vielfältige – Gruppe von Untertanen.

Die abhängige Bevölkerung Kretas bestand aus verschiedenen Kategorien von Personen. Nicht alle sind gleichermaßen bekannt, und wir müssen auch mit Unterschieden zwischen den einzelnen Poleis rechnen.

In den wirtschaftlich entwickelten Regionen Griechenlands wurden private Sklaven in großer Zahl in der Landwirtschaft, im Handwerk und in den Bergwerken eingesetzt. Sie wurden zum Eigentum eines anderen Menschen durch Kauf oder Gefangennahme im Krieg; ihre Kinder galten ebenfalls als Sklaven. Diese Form der Sklaverei (*dolos*) war auch auf Kreta bekannt, aber wenig verbreitet im Vergleich zu anderen Formen der Unfreiheit. Hier wurden Sklaven vorwiegend im Haushalt und nur zu einem kleinen Teil für wirtschaftliche Aktivitäten (Ackerbau, Viehzucht, Handwerk) eingesetzt. Die Sklaven hatten keine Familienrechte, d. h., sie konnten keine Ehe eingehen, gelegentlich aber wurden Sklaven freigelassen. Zumindest in Gortyn ließen sich freigelassene Sklaven in einem bestimmten Viertel der Stadt (Latosion) nieder. Einige späte Texte implizieren, dass die Bewegungsfreiheit der Freigelassenen eingeschränkt war und ihre Freiheit nur garantiert wurde, solange sie den ihnen von der Polis zugewiesenen Ort nicht verließen.

Das Territorium der kretischen Poleis war größtenteils Gemeindeland, welches zu einem nicht näher zu bestimmenden Zeitpunkt unter den Bürgerfamilien durch Los aufgeteilt wurde, wie der Name *klaros* (Los, aber auch Landlos) impliziert. Über den Ursprung der *Klaroi* könnte eine Klausel im Recht von Gortyn (col.V) aufschlussreich sein: «Sobald ein Mann oder eine Frau stirbt, sollen Kinder oder Kindeskinder oder von diesen Kinder, soweit vorhanden, (das) Vermögen haben. Wenn aber keiner von diesen vorhanden ist, (wohl) aber Brüder des Verstorbenen und von den Brüdern Kinder oder von diesen Kinder, (dann) sollen diese das Vermögen haben. Wenn aber keiner von diesen vorhanden ist, wohl aber Schwestern des Verstorbenen und von diesen Kinder oder von den Kindern Kinder, (dann) sollen diese das Vermögen haben. Wenn aber keiner von diesen vorhanden ist, sollen die, die einen Anspruch auf das Vermögen haben, woher er sich auch ergeben möge, es übernehmen. Wenn aber keine Anspruchsberechtigten aus der Sippe vorhanden sind, sollen die, die den *Klaros* bilden, das Vermögen haben.» (Übers. R. Koerner) Wer sind «die, die den Klaros bilden»? Es können keine Unfreien sein, weil diese kein Land besitzen durften; Verwandte des Verstorbenen waren es sicher nicht, denn die zitierte Stelle betrifft Personen ohne Verwandte. Der Klaros war vielmehr offenbar ursprünglich eine große Einheit von Land, auf das mehrere untereinander nicht verwandte Familien einen Anspruch hatten; dieser Anspruch war vermutlich mit der Stellung von Kriegern verbunden. Verstarb der Eigentümer einer Parzelle des Klaros ohne Erben, dann übernahmen die anderen Teilhaber der Klaros seine Parzelle.

Bestellt wurden die Klaroi von abhängigen Bauern, die aus diesem Grund den Namen *klarotai* trugen («die zum Klaros Gehörenden»). Die Klaroten lieferten einen Teil der Produktion an die Familie, der der Klaros zugeteilt worden war. Für diese Kategorie unfreier Bauern verwendet die große Rechtsinschrift von Gortyn den Begriff des *oikeus*, d.h. des zum Oikos (Haushalt, Familie) gehörenden und an den Landbesitz des Oikos gebundenen Unfreien. Oikeis (und Klaroten) hatten ein Recht auf Eigentum und Ehe; sie durften gegen Personen des gleichen Status Anklage erheben, und ihre Zeugenaussagen und Eide wurden vor Gericht anerkannt.

Neben den Klaroten bzw. Oikeis gab es auch Siedlungen einer abhängigen Bevölkerung, die weitgehend unabhängig lebte. Diese Bevölkerung wird mit dem Terminus *hypooikoi* bezeichnet, d.h. «die unten Lebenden», eine Bezeichnung, die möglicherweise auf die Zeit zurückgeht, in der die Herren in der höher gelegenen Burg lebten und von dort aus die abhängigen Bauern kontrollierten. Nur in literarischen Quellen wird für diese Gruppe der Begriff *Perioikoi* verwendet, d.h. «die Herumwohnenden». Im Laufe der klassischen Zeit entstanden neue Gemeinden dieser Art durch die Eroberungskriege der großen Städte, wie z.B. die abhängige Gemeinde der Rhittenioi, die um 450 einen Vertrag mit Gortyn abschloss.

Die *mnoitai*, nach den literarischen Quellen Staatssklaven, sind möglicherweise mit der unfreien Landbevölkerung zu identifizieren, die das Gemeindeland bestellte. Diese Gruppe (*mnoia*) ist jetzt durch einen hellenistischen Staatsvertrag zwischen Hierapytna und Aptera bezeugt.

Eine weitere Kategorie unfreier Personen waren die *aphamiotai*, die Bauern einer *aphamia*; letzteres Wort ist ein einziges Mal in einer hellenistischen Inschrift belegt und bezeichnet dort Land in Privatbesitz, an der Grenze des (Polis-)Territoriums. Möglicherweise entstanden Aphamiai durch den Versuch von

Bürgern, das an der Grenze liegende, weniger fruchtbare – und daher nicht in Klaroi aufgeteilte – Land urbar zu machen, in ihren Besitz zu nehmen und es von Privatsklaven bewirtschaften zu lassen.

Schließlich konnten Männer aufgrund von Schulden oder einer Verurteilung zu einer Geldstrafe, die sie nicht bezahlen konnten, ihre Freiheit vorübergehend verlieren (*katakeimenoi*, «die unten Liegenden», oder *nenikamenoi*, «die im Prozess Besiegten»).

Bei dieser Vielfalt von Bezeichnungen minderberechtigter Personenkreise bleiben viele Unklarheiten. Zumindest geht aber gerade aus der sehr komplexen und differenzierten Terminologie hervor, dass die kretischen Poleis eine große Vielfalt rechtlicher Stellungen kannten, die das Ergebnis einer langen und komplexen historischen Entwicklung waren.

5.5 Grundzüge und Wirkung des kretischen Rechts

Aus keiner anderen Region Griechenlands besitzen wir eine so große Zahl von das Rechtswesen betreffenden Dokumenten aus archaischer und frühklassischer Zeit wie aus Kreta. Es sind keine umfassenden und systematisch angelegten Rechtskodifizierungen – auch wenn man im Recht von Gortyn eine Anordnung in einzelne Sachgebiete erkennt –, sondern oft ad hoc eingeführte Normen. Sie betreffen so unterschiedliche Themen wie das Weiderecht und die Bewässerung, die Einschränkung der Präsenz von Fremden, die mehrfache Bekleidung von Ämtern, Opfer, Reinigungen und Bestattungen, Rechte und Pflichten von Handwerkern und Freigelassenen, Straf- und Prozessbestimmungen, Familienrecht (Adoption, Ehebruch, Scheidung, uneheliche Kinder), Erbrecht, Pfandnahme und Schuldrecht. Auf diese gesetzgeberische Tätigkeit ist der Ruhm Kretas als Ort der Gerechtigkeit zurückzuführen.

Das politische System festigte zwar die Herrschaft einer kleinen Schicht, etablierte aber nicht die brutale Unterdrückung der Unfreien, die man aus Sparta kennt: Die gemeinsamen Mahlzeiten wurden in einer Weise finanziert, die ärmere Bürger nicht aus der Bürgerschaft ausschloss; die Abwechslung der Unterabteilungen der Bürgerschaft in der Führung des Gemeinwesens war rechtlich garantiert; Unfreie waren zwar in ihrer Bewegungsfreiheit eingeschränkt, und auch die Leibesertüchtigung in Gymnasien war ihnen untersagt, doch wurden ihnen Eigentum und das Recht auf Familienleben zugestanden. So konnte dieses aristokratische System länger Bestand haben als die Gesellschaftsordnungen anderer griechischer Staaten.

Die griechischen Theoretiker, welche die Beständigkeit einer politischen Ordnung nicht weniger schätzten als ihre gerechten Grundlagen, verherrlichten Kreta daher als den Ort der idealen Verfassung. Schon um 400 v. Chr. schrieb Charon von Lampsakos in seinen *Kretika* («kretische Geschichte») über «die von Minos erlassenen Gesetze». Es ist gut denkbar, dass diese Schrift auch das Interesse Platons an Kreta weckte; sein Dialog «Die Gesetze», der eine ideale Verfassung beschreibt, ist ein Gespräch zwischen einem Kreter, einem Spartiaten und einem Athener unterwegs zur Idäischen Grotte; die in diesem Dialog enthaltenen Anspielungen auf kretische Institutionen sind stark idealisiert. Viel pragmatischer war, bei aller Bewunderung für Kreta, die Auseinandersetzung seines Schülers Aristoteles (384–322 v. Chr.) mit der kretischen Verfassung und Gesellschaft. Doch die bewunderte Ordnung war nach und nach erstarrt und geriet zur Zeit des Aristoteles in eine Krise, die in hellenistischer Zeit unübersehbar wurde.

6. Die Pirateninsel: Kreta in der hellenistischen Welt (ca. 300–67 v. Chr.)

6.1 Der Krieg als Alltag

Seit den Eroberungen Alexanders des Großen (336–323 v. Chr.) befand sich Kreta plötzlich im geographischen Mittelpunkt der hellenistischen Welt. Während die zahlreichen kretischen Staatsverträge mit fremden Städten, Bundesstaaten und Königen die

Intensivierung der Außenbeziehungen verraten, zeigte sich der introvertierte Charakter der kretischen Politik in zahllosen lokalen Konflikten. Das hellenistische Kreta vermittelte dem antiken Beobachter das Bild einer von ständigen inneren Kriegen erschütterten Insel; wenn die Kreter nicht gegeneinander kämpften, führten sie Plünderungszüge gegen die Inseln der Ägäis und die Küstenstädte Kleinasiens durch oder dienten als Söldner in fremden Heeren. Fast ratlos standen die antiken Historiker diesem Phänomen gegenüber und behalfen sich mit der Erklärung, der andauernde Kriegszustand läge im Charakter der Kreter begründet: in ihrer Habgier, Treulosigkeit und Kriegslust. Die Unbeständigkeit der innerkretischen Beziehungen und die ständigen internen Konflikte kommen in dem bereits erwähnten antiken Sprichwort zum Ausdruck: *ho Kres ton Kreta* («der Kreter überlistet den Kreter»).

Die Faktoren, die zu dieser Zeit die Geschichte Kretas prägten, lassen sich leicht zusammenfassen: die Tendenz zum Zusammenschluss und zur Bildung größerer Einheiten – bei gleichzeitigem Beharren auf der Souveränität der kleinen Polis; der Kampf zwischen den beiden mächtigsten Poleis, Knossos und Gortyn, um die Hegemonie; die wachsende Rolle der neuen großen Mächte der hellenistischen Welt – das Ptolemäerreich Ägyptens, Makedonien, das Seleukidenreich, Pergamon, Sparta, schließlich Rom –, begleitet von der Bemühung um Kontrolle wichtiger Stützpunkte auf Kreta sowie um Rekrutierung von Söldnern; soziale Konflikte, die wahrscheinlich mit der wachsenden Zahl von Bürgern ohne Landbesitz zusammenhingen; damit verbunden die wachsende Bedeutung von Seeraub und Söldnerdienst als Existenzgrundlage der landlosen Bevölkerung; schließlich die Expansionsbestrebungen einiger Poleis (vor allem Gortyn, Knossos, Lyttos und Hierapytna) mit dem Ziel, Land für Landwirtschaft und Viehzucht zu gewinnen.

Einiges spricht dafür, dass sich die kretischen Poleis seit dem 4. Jh. v. Chr. in einer Krise befanden, die einem großen Teil ihrer Bevölkerung keine andere Versorgungsmöglichkeit als Expansionskriege (Taf. 2), Raubzüge, Söldnerdienst und Migration ließen. Die unmittelbaren Opfer dieser Krise waren wahrschein-

4./3. Jh.	Praisos erobert Setaia und Stalai
3. Jh.	Praisos erobert Dragmos
ca. 267–262	Beteiligung kretischer Städte am Chremonideischen Krieg
221–219	Lyttischer Krieg (Knossos, Gortyn und ihre Verbündeten gegen Lyttos)
ca. 206–201	erster Kretischer Krieg (gegen Rhodos), Kriege auf Kreta (u. a. Knossos gegen Hierapytna)
ca. 200	Lyttos erobert Dreros und Milatos
ca. 200–197	Beteiligung kretischer Städte am 2. Makedonischen Krieg, Krieg zwischen Knossos und Gortyn
189	Gortyn und Knossos gegen Kydonia
184	Gortyn gegen Knossos; Gortyn erobert Lykastion und Diatonion
179	Gortyn gegen Kydonia
174	Vermittlung der Römer in einem großen Krieg
ca. 170	Kydonia erobert Apollonia
170–168	Kriege zwischen Kydonia, Gortyn und Knossos für den Besitz von Apollonia
ca. 166	Gortyn und Knossos erobern Rhaukos
155–153	2. Kretischer Krieg gegen Rhodos
ca. 150	Gortyn erobert Phaistos
145	Hierapytna erobert Praisos
ca. 145–140	Kriege zwischen Hierapytna und Itanos
ca. 121	Gortyn gegen Knossos
ca. 121–118	Kriege zwischen Lato und Olous
ca. 115–114	Krieg zwischen Hierapytna und Itanos

Taf. 2: Kriege im hellenistischen Kreta

lich die jüngeren Bürger, die das väterliche Erbe noch nicht angetreten hatten; dass die kretische Erziehung in der Hauptsache eine Vorbereitung auf den Krieg darstellte (§ 5.3), erhöhte zudem die Bereitschaft zu gewaltsamer Konfliktlösung. Welche Erwartungen eine kretische Gemeinschaft an ihre jungen Männer herantrug, zeigt der Eid, den die Jünglinge von Dreros während des «Lyttischen Krieges» leisten mussten: «Wahrhaftig werde ich den Lyttiern gegenüber niemals wohlgesinnt sein, in keiner Weise und unter keinem Vorwand, weder in der Nacht noch am Tag; und ich werde mich bemühen, so gut wie ich kann, der Stadt der Lyttier zu schaden ...» Mit diesem unerbittlichen Hass zog die Jugend in den Krieg; Opfer dieses unerbittlichen Hasses wurde aber Dreros selbst, als es einige Zeit, nachdem dieser Eid geleistet worden war, von Lyttos zerstört wurde. Noch hundert Jahre später feierten die Lyttier die Zerstörung der verhassten Nachbarstadt als einen ihrer zwei wichtigsten historischen Gedenktage.

Bereits im späten 4. oder frühen 3. Jh. scheinen die politischen Grundlagen gelegt gewesen zu sein, welche die spätere Entwicklung prägten: die Teilung Kretas in mehrere Lager, die lokalen Grenzkonflikte – manchmal Ausdruck innenpolitischer Spannungen – und die Beziehungen zu den großen hellenistischen Staaten, die um die militärische Unterstützung seitens der kretischen Städte bemüht waren. Trotz der internen Konflikte sind die Anfänge eines größeren Bündnisses auf Kreta (*Koinon ton Kretaieon*) bereits im frühen 3. Jh. anzusetzen. Es stand unter der Führung entweder von Knossos oder von Gortyn – vielleicht von beiden mächtigen Poleis gemeinsam – und existierte, solange diese in der Lage waren, eine große Zahl von Städten unter ihrer Führung zu halten. Im Kretischen Koinon behielt jedes Mitglied seine Eigenstaatlichkeit. Ein Bundesbürgerrecht gab es freilich ebenso wenig wie Bundesbeamte oder eine Bundesarmee. Ein Bundesrat (*Synhedrion*), an dem alle Städte beteiligt gewesen sein dürften, tagte in verschiedenen Städten und befasste sich vor allem mit außenpolitischen Fragen. Im Hinblick auf die häufigen Konflikte zwischen den kretischen Städten entwickelte das Koinon einen Strafkodex und ein Prozessverfahren, die in einem Dokument festgehalten wurden. Das Koinon hatte vielleicht auch ein permanentes und in solchen Situationen tätig werdendes Bundesgericht.

Als ca. 222 v. Chr. Knossos, Gortyn und ihre jeweiligen Verbündeten ein Bündnis schlossen, stellte dies eine große Zäsur dar. Doch wurde diese Allianz bald zerstört, als Knossos und Gortyn versuchten, die mächtige Stadt Lyttos zu unterwerfen («Lyttischer Krieg»). Während der Kämpfe (wahrscheinlich 220) wurde die Stadt Lyttos von den Knossiern völlig zerstört, und die Lyttier fanden in Lappa Zuflucht. Die Fortsetzung des Krieges führte zu einer so tief greifenden Spaltung des Lagers der Knossier und der Gortynier, dass es zu massiven Desertionen und wohl auch zu Bürgerkriegen kam. Die «Jüngeren» von Gortyn, welche die Lyttier unterstützten, besetzten die Häfen Lebena und Matalon, während sich die «Älteren» mit knossischer Unterstützung in der Burg von Gortyn behaupten konnten. Der Krieg endete wohl bald darauf (219 oder 218), wahrscheinlich mit dem Sieg der antiknossischen Seite.

Die Wirkungsmacht von Siegen war auf Kreta von ebenso kurzer Dauer wie jene von Bündnissen. Die Zeit nach dem Ende des «Lyttischen Krieges» ist geprägt von ständigen Kriegen zwischen Gortyn und Knossos wie auch zwischen anderen kretischen Städten. Der bedeutendste Krieg dieser Zeit, der «Kretische Krieg» (ca. 206–204 v. Chr.), hatte die Form von Seeräuberaktionen kretischer Städte gegen Rhodos und andere Städte der Dodekanes, der Kykladen und Kleinasiens. Wahrscheinlich wurden die Kreter vom König Makedoniens, Philipp V., zu diesem Krieg angestiftet, in jedem Fall aber von ihm unterstützt. Seit spätestens 205 v. Chr. war auch die Insel Schauplatz heftiger Kriege, die zeitgleich mit dem Kretischen Krieg und im Anschluss an diesen ausgetragen wurden. Als Philipp V. wegen eines Krieges gegen Rom seine kleinasiatischen Pläne aufgeben musste (um 201 v. Chr.), distanzierten sich seine kretischen Verbündeten von ihm.

Die Kriege gingen weiter, und einer erscheint geradezu als ein Paradebeispiel kretischer Streitigkeiten. Unmittelbar nach dem Ausbruch des Dritten Makedonischen Krieges (zwischen Rom und König Perseus von Makedonien), als die Aufmerksamkeit aller großen und mittleren Mächte auf diesen Konflikt konzentriert war, griff Kydonia seinen eigenen Verbündeten Apollonia an und eroberte die Stadt und ihr Gebiet (170); dies forderte die Reaktion der mächtigen Nachbarn Apollonias, Knossos und Gortyn, heraus, die – nun wiederum vereint – die Kydoniaten aus Apollonia vertrieben. Es folgte, was folgen musste: Knossos und Gortyn stritten über die Teilung der Beute (ca. 169–168). Nach erbitterten Kämpfen gelang es Gortyn, Knossos zu besiegen. Schließlich vereinten die ehemaligen Gegner neuerlich ihre Kräfte, um eine dritte Stadt (Rhaukos) zu erobern und zu teilen.

Ein Dokument gibt einen erschütternden Eindruck von den Folgen dieses Krieges, nämlich von der Teilung der Stadt unter den beiden Siegern – die Grenzlinie verlief mitten durch die eroberte Polis.

Die Eroberung von Rhaukos ist bezeichnend für die Expansionspolitik von Gortyn und Knossos. Bereits seit dem 4. Jh. war Knossos darum bemüht, sich sämtliche kleineren, unabhängigen Poleis in seiner Umgebung einzuverleiben (Lykastos, Diatonion, Tylissos, dann Apollonia und Rhaukos). Rhaukos war die einzige noch unabhängige Stadt an der Grenze zwischen Knossos und Gortyn. Mit seiner Eroberung und dem Abschluss eines Grenzabkommens zwischen Gortyn und Knossos war der vorläufige Endpunkt ihrer Eroberungspolitik erreicht: Den beiden Städten war es gelungen, alle kleinen Nachbarstädte zu erobern. Phaistos erlitt um dieselbe Zeit oder etwas später (um 150?) das gleiche Schicksal. Nach der Teilung von Rhaukos besaßen sowohl Gortyn als auch Knossos ein ausgedehntes und einheitliches Territorium, und auf dieser Basis konnten sie vorerst in Frieden leben.

Eine relativ friedliche Periode im Inneren der Insel (166–145 v. Chr.) fand mit dem Tod des Königs von Ägypten, Ptolemaios VI., und dem Rückzug seiner Truppen aus Itanos (Ostkreta), wo sie die Stadt vor ihren Feinden beschützt hatten, ein Ende. Alte territoriale Konflikte, die nie wirklich gelöst worden waren, brachen erneut auf, nachdem ein wichtiger Stabilitätsfaktor in Ostkreta ausgeschaltet worden war. Kurz nach dem Rückzug der ptolemäischen Truppen brach ein großer Krieg aus, von dem wir nur eine lokale Episode, nämlich die Eroberung von Praisos durch die Hierapytnier, kennen. Nach der Zerstörung der Stadt Praisos und der Einverleibung des größten Teils ihres Territoriums durch Hierapytna, grenzte nun das hierapytnische Gebiet an jenes von Itanos, und die Hierapytnier beanspruchten für sich die damals unter itanischer Kontrolle stehende Insel Leuke und ein Gebiet in der Nähe des Zeus-Heiligtums in Palaikastro. Der daraufhin ausbrechende Krieg zwischen Hierapytna und Itanos (ca. 145–140 v. Chr.) wurde durch Vermittlung einer römischen Gesandtschaft und einen

Schiedsspruch der Stadt Magnesia am Mäander zugunsten von Itanos beendet.

Der römischen Vermittlung war kein bleibender Erfolg beschieden. Als 121 v. Chr. Knossos abermals gegen Gortyn Krieg führte, kämpften die Verbündeten der beiden Städte gegeneinander um den Besitz von Grenzgebieten: Hierapytna gegen Itanos bzw. Lato gegen Olous. Nichts zeigt deutlicher den manchmal unbedeutenden Anlass solcher Kriege als die Streitobjekte zwischen Lato und Olous, die im Urteil eines Schiedsgerichtes aufgelistet werden: «ein Gebiet und das Heiligtum in Dera und alle heiligen Bezirke, die an das Heiligtum angrenzen, und die Insel Pyrrha und die daneben gelegene Klippe und das vierrudrige Schiff und die Silberwaren aus dem Schiff und das Silbergeld und die Bronzewaren und das andere Gerät aller Art und die verkauften Menschen, zwei Freie und einen Sklaven». Nach wiederholten Vermittlungen Roms wurde eine Grenzziehung vorgenommen und der Friede anschließend mit Bündnisabkommen unter den ehemaligen Feinden bekräftigt (110 v. Chr.).

Diese Verträge kamen als Letzte im hellenistischen Kreta zustande. Nach der Fixierung der Grenzen gibt es keine Zeugnisse mehr über weitere Kriege. Diese Befriedung hängt wahrscheinlich mit der Tatsache zusammen, dass die Expansionspolitik der stärkeren Poleis zu einem Abschluss gekommen war. Die früheren Gegner schlossen Friedens- und Bündnisverträge, regelten Grenzfragen und trafen Maßnahmen für wirtschaftliche Zusammenarbeit. Aufgrund der Nachrichten über den Widerstand der Kreter gegen die Römer (74–67 v. Chr.) darf man schließen, dass in dieser Zeit auch das Kretische Koinon wiederhergestellt wurde, wahrscheinlich unter der Führung der siegreichen Knossier.

Man würde erwarten, dass diese allgemeine Befriedung auf der Insel zu einem Aufschwung geführt hätte. In der Tat haben archäologische Forschungen eine erhöhte Zahl von Luxusgegenständen aus dieser Epoche ergeben; die Existenz großer Territorien und die innere Mobilität auf Kreta boten neue Möglichkeiten für die Versorgung der Bürger mit Land. Und doch trat ein neues Problem auf: Der Söldnerdienst, der früher den ärmeren Bürgern und vor allem den jungen Männern bisweilen beträchtliche Einnahmen gesichert hatte, verlor an Bedeutung. Die hellenistischen Königreiche, die früher kretische Söldner rekrutiert hatten, waren inzwischen von Rom erobert (Makedonien, Sparta), als Erbe übernommen (Pergamon) oder geschwächt (Seleukiden, Ptolemäer) worden. Auch wenn es paradox klingt: Der Friede in Kreta war Ursache einer anderen, unvorhergesehenen, aber keineswegs überraschenden Krise – einer deutlichen Diskrepanz zwischen den traditionellen Bürger- und Bildungsidealen der kretischen Städte und der neuen Realität. Die Erziehung der kretischen Bürger führte, wie nun schon mehrfach erwähnt, die jungen Männer in das Leben der Krieger ein. In der hellenistischen Zeit hatten die jungen Kreter immer die Möglichkeit gehabt, für diese Ideale zu leben und zu sterben, entweder während der ununterbrochenen Kriege auf ihrer Insel oder als Söldner in fremden Armeen. Nach der Befriedung des Jahres 110 v. Chr. gab es nur noch eine Möglichkeit, das Ideal des Kriegers zu verwirklichen: den Seeraub. Dies aber machte einen Konflikt mit der herrschenden Macht im östlichen Mittelmeer, Rom, unausweichlich, und dieser Konflikt führte schließlich zur Eroberung Kretas durch die Römer (§ 7.1).

6.2 Die Ursachen der kretischen Kriege: Gesellschaftsordnung und Agrarverfassung

Bezeichnend für das hellenistische Kreta ist die erstarrte Form einer archaischen Gesellschaftsstruktur, deren Hauptmerkmale die Bindung des Bürgerrechts an die kriegerische Ausbildung und die Teilnahme an den Syssitien auf der einen und die Herrschaft über eine abhängige Bevölkerung von unterschiedlicher rechtlicher Stellung auf der anderen Seite waren. Den Bedürfnissen dieser Gesellschaft entsprach eine Selbstversorgungswirtschaft, deren Grundlage Ackerbau und Viehzucht waren. Die mit dem Außenhandel zusammenhängende Plantagenwirtschaft und das Handwerk spielten vor der römischen Eroberung keine bedeutende Rolle.

Die hellenistische Zeit brachte in dieser Hinsicht keine wirkliche Veränderung. Die Intensivierung der Außenbeziehungen Kretas führte zwar auch zu wirtschaftlichen Beziehungen mit dem Ausland, diese stellten jedoch fast immer Nebenaspekte des Söldnerdienstes, des Seeraubs und des Sklavenhandels dar: Fremde Münzen fanden ihren Weg nach Kreta vorrangig als Lohn von Söldnern, nicht als Folge von Handelsaktivitäten; Geldgeschäfte mit anderen griechischen Gebieten erfolgten in der Regel im Anschluss an Seeraub (Freikauf von Gefangenen, im Zusammenhang damit Geldverleih, Verkauf von Beute). Ein intensiver Handel mit den Produkten der Insel, welcher die Agrarwirtschaft und das Handwerk hätte fördern und zu einer wirklichen Änderung des Wirtschaftslebens hätte beitragen können, ist nicht bezeugt. Die Agrarverfassung im hellenistischen Kreta scheint weitgehend unverändert geblieben zu sein; die hellenistischen Inschriften bezeugen das Fortbestehen einer abhängigen und zu Tributzahlungen verpflichteten Bevölkerung.

Die Stabilität eines solchen Systems setzt voraus, dass das Land für die Versorgung der Bevölkerung ausreicht, die kleine Schicht der mit dem Kriegshandwerk beschäftigten Bürger versorgt werden kann und das unfreie Bauerntum das Land bestellt und Abgaben zahlt. Wenn auch nur eine dieser Voraussetzungen nicht erfüllt wird, kann das empfindliche Gleichgewicht gestört werden, und das ganze System gerät in eine Krise. So gilt als erstes Prinzip einer solchen Agrarverfassung, das von alters her im Besitz befindliche Land zu verteidigen und neues zu erobern. Der Nachbar gilt als potentieller Feind.

Voraussetzung für eine Vereinigung Kretas wäre die Überwindung des durch die Erziehung geförderten Lokalpatriotismus und der ausschließlich lokal orientierten Bindung des Jünglings an seine Agela und des Erwachsenen an sein Männerhaus. Versuche einer übergeordneten Einigung wurden im hellenistischen Kreta unternommen, blieben aber langfristig ohne Erfolg. Ein «Bund», ein *Koinon* (§ 6.1), wurde zwar etabliert; doch war dieses, anders als bei anderen hellenistischen Föderationen, kein Bundesstaat, sondern ein Bündnis, das Kreta eher teilte als vereinigte. Erfolglos blieben auch die Bemühungen um eine Änderung der Gesellschaft und der Verfassung. Die traditionelle Untergliederung der Gesellschaft in Bürger, Freie ohne Bürgerrecht, abhängige Bevölkerung und Sklaven war noch bis zum Ende der hellenistischen Zeit intakt, auch wenn es gelegentlich zu einer Erweiterung der Bürgerschaft kam oder den Bewohnern abhängiger Gemeinden mehr Rechte verliehen wurden (§ 6.5).

Das Territorium der vielen Zwergstaaten bestand in der Hauptsache aus gebirgigem Land mit nur kleinen Kammern Ackerlandes, sehr selten aus Ebenen oder Hochplateaus (§ 1). Die Konzentration so vieler Poleis auf derart beschränkten Raum führte zwangsläufig zu Konflikten, die durch die Agrarverfassung und Gesellschaftsstruktur noch verschärft wurden. Die Probleme können am besten am Beispiel einer Tätigkeit vor Augen geführt werden, die durch die naturräumliche Situation der Insel begünstigt wurde – der Viehzucht. Die Viehzucht ist bis heute in manchen Regionen Kretas durch den Weidewechsel im jahreszeitlichen Zyklus (Transhumanz) gekennzeichnet. Für die Ernährung ihrer Herden benötigen die Hirten etwa von März bis September Weideplätze auf den Bergen, während sie in den restlichen Monaten auf warme Aufenthaltsorte in der Nähe des Meeres angewiesen sind. Dies setzt voraus, dass eine Polis Weideplätze sowohl auf den Bergen als auch in den Küstenebenen besitzt, und gerade diese Voraussetzung konnten in der Antike viele kretische Städte nicht erfüllen. Sie waren folglich auf die Gebiete ihrer Nachbarn angewiesen und erhielten aufgrund zwischenstaatlicher Vereinbarungen entsprechende Möglichkeiten. Auch dann bedeutete aber die Transhumanz die beständige Überschreitung von Grenzen durch fremde Hirten, was leicht zu Streitigkeiten über die Verteilung der Weideplätze, die Ein- und Ausfuhr von Waren, Viehdiebstahl oder Flurschäden führen konnte.

Die Probleme, die sich darüber hinaus aus dem beschränkten Ernährungsraum der kretischen Städte ergaben, konnten bei Bevölkerungswachstum, Gebietsverlusten oder Missernten besonders akut werden. Es gibt einige Indizien dafür, dass derartige Probleme in der spätklassischen Zeit auftraten und zu einer Sozialkrise in hellenistischer Zeit führten. Manche Poleis sahen sich mit einer allmählichen Verringerung des Ackerlandes und gelegentlichen Versorgungsengpässen konfrontiert. Späthellenistische Grenzziehungen belegen den Versuch, das an der Grenze der Poleis liegende Land urbar zu machen.

Wenn die Bevölkerungszahl zunahm und das Land knapp wurde, blieben für das grundsätzlich auf die Landwirtschaft angewiesene griechische Gemeinwesen drei Wege zur Versorgung der landlosen Bürger: Gewinnung neuer Gebiete, Auswanderung und Erschließung von Einnahmequellen jenseits der Landwirtschaft. Alle drei Wege mündeten für die hellenistischen Kreter im Kriegswesen und konkret in Eroberungskriegen (Taf. 2), Söldnerdienst im Ausland (§ 6.3) und Raubzügen (§ 6.4).

6.3 Auswanderung: Reaktion auf eine Krise

Spielte Kreta in der großen griechischen Kolonisation der archaischen Zeit eine eher unbedeutende Rolle, so war die Mobilität der Kreter in hellenistischer Zeit umso größer. Diese kretische Kolonisation nahm zwei Formen an: die Auswanderung in fremde Länder (vor allem in das ptolemäische Ägypten und nach Kleinasien) und die Niederlassung in anderen Gebieten auf Kreta.

Außerhalb der Insel finden wir kretische Siedler – sicher ursprünglich Söldner – vor allem in Ägypten, wo kretische Soldaten spätestens seit dem 2. Jh. eine eigene Gemeinde (*politeuma*) hatten, in Kleinasien (z. B. in Milet und Aspendos) und im Seleukidenreich, dort vor allem in drei kretischen Kolonien wie etwa in Kretopolis («die Stadt der Kreter») in Pisidien. Vereinzelte Kreter findet man als Bewohner ohne Bürgerrecht (Metoiken) auch an anderen Orten, etwa auf der Insel Delos, die als Handelszentrum wie als bedeutendes Heiligtum große Anziehungskraft besaß.

Viele Menschen suchten aus eigenem Antrieb ein besseres Schicksal fern der Heimat. So der Bildhauer Timochares aus Eleutherna, der eine glänzende Karriere in Rhodos machte, wo auch seine Kinder (diese nun als Rhodier) die Kunst ihres Vaters weiter pflegten. Das Gleiche gilt für Ptolemaios von Polyrrhenia,

Traumdeuter und Dichter von Hymnen, in denen die Wunder von Isis dargestellt wurden (*Aretalogos*), und für seinen anonymen Kollegen, der mit einem Aushängeschild die Kunden in sein Geschäft in Memphis zu locken hoffte: «Auf des Gottes Befehl deute ich Träume, auf gutes Glück; der Traumdeuter ist Kreter.»

Wie vielfältig und individuell diese Schicksale einzelner Menschen auch gewesen sein mögen, so war doch die kretische Auswanderung ein Phänomen von großen Dimensionen, vollzog sich massenhaft und oft gründlich geplant. Neben der Rekrutierung von Söldnern für das Heer hellenistischer Könige, die nicht immer mit einer dauerhaften Übersiedlung ins Ausland verbunden war, ist aber auch die konsequente Anwerbung kretischer Söldner gerade zum Zweck einer permanenten Ansiedlung bezeugt. Viele Kreter aus verschiedenen Städten siedelten mit ihren Familien nach Milet über und erhielten dort Bürgerrecht und Land; man schätzt, dass ca. 3000–4000 Personen in zwei Wellen (ca. 234/33 bzw. 229/28 v. Chr.) Kreta verließen – das entsprach wohl 2% der Gesamtbevölkerung. Dieser Vorgang, den einige Forscher auf Bürgerkriege in den entsprechenden Poleis zurückführen, vollzog sich wahrscheinlich nicht in Form eines Flüchtlingsstroms, sondern dürfte auf die Bemühung Milets zurückgehen, Söldner anzuwerben, ihnen Bürgerrecht und Land auf neu gewonnenem Gebiet zu übertragen und sie mit dessen Verteidigung zu beauftragen. Als freilich einige Zeit später Milet dieses Gebiet kriegsbedingt wieder verlor und die kretischen Einwanderer nach Kreta zurückkehren wollten, wurden sie an ihrer Rückkehr von ihren alten Mitbürgern gehindert. Auch dieses Verhalten ist ein Beleg dafür, dass einst die Übersiedlung erfolgt war, weil die Inselstädte nicht mehr in der Lage waren, allen ihren Bürgern Landbesitz und Lebensunterhalt zu sichern.

Ein indirektes Zeichen für die Niederlassung kretischer Söldner in den Orten, in denen sie ihren Dienst leisteten, sind bezeugte Mischehen sowie Grabinschriften kretischer Frauen an Orten, wo kretische Söldner stationiert waren, vor allem in den makedonischen Garnisonen in Thessalien und auf Euboia. Auch hier sei aus der Vielfalt der Zeugnisse ein individuelles

Schicksal herausgegriffen. Die Korrespondenz zwischen der kretischen Stadt Axos und dem Ätolischen Bund birgt eine Geschichte, deren Details leicht den Stoff für einen kaiserzeitlichen Roman oder einen Hollywood-Film bieten könnten: Eraton, ein Bürger von Axos, kam im Rahmen eines Feldzuges nach Zypern, zweifellos als einer unter den Tausenden von kretischen Söldnern im ptolemäischen Heer. Er blieb auf Zypern, heiratete dort, und seine Frau (wahrscheinlich eine Kreterin) gebar ihm zwei Söhne: Epikles und Euagoras. Nach des Vaters Tod wurden Epikles und seine Mutter gefangen genommen – von Seeräubern oder während eines Krieges; was aus dem zweiten Sohn wurde, wissen wir nicht. Epikles wurde in Amphissa in Ätolien als Sklave verkauft. Irgendwie gelang es ihm, sich freizukaufen; er ließ sich in Amphissa nieder, heiratete dort und lebte zusammen mit seinen Kindern Erasiphon, Timonax und Melita. Dies dürfte mindestens 30 Jahre nach der Auswanderung seines Vaters von Axos nach Zypern gewesen sein. Und doch bestanden nach so langer Zeit weiterhin Beziehungen zur Heimat des Vaters – zu einer Stadt, die Epikles vielleicht nie gesehen hatte –, denn die Beamten von Axos schrieben den Brief, der diese Geschichte erzählt, an die Beamten des Ätolischen Bundes, um sie zu informieren, dass Epikles Bürger ihrer Stadt war und als solcher den zwischen Axos und dem Ätolischen Koinon vereinbarten Sonderstatus hatte. Dieser Text zeigt nicht nur die kriegsbedingte Migration von zwei Generationen der gleichen Familie – erst des Söldners Eraton, dann des Sklaven Epikles –, sondern auch das dauerhafte Fortbestehen enger Kontakte zur alten Heimat.

Die Verträge zwischen den kretischen Städten bezeugen dagegen vor allem eine zweite Form von Kolonisation: die Niederlassung im Gebiet einer anderen kretischen Stadt. Im Rahmen von sogenannten Isopolitievereinbarungen wurde den Bürgern der Vertragspartner das Recht verliehen, sich in der jeweiligen Partnerstadt niederzulassen und dort Grund und Boden zu erwerben. Der Begriff Isopolitie bezeichnet die gegenseitige Verleihung des vollen Bürgerrechtes an alle Bürger der Vertragspartner, die es vorzogen, Bürger der Partnerstadt zu werden. Diejenigen, die ihr potentielles Bürgerrecht in der Partnerstadt nicht aktivieren wollten, erhielten gewisse Privilegien: Wohnrecht in der Partnerstadt, wirtschaftliche Begünstigungen, Legitimität ihrer Ehen mit Bürgern/Bürgerinnen der Partnerstadt. Für die Aktivierung des Bürgerrechts in der Partnerstadt werden verschiedene Voraussetzungen genannt: Der Empfänger des (neuen) Bürgerrechts musste in seiner Heimat das volle und aktive Bürgerrecht besitzen. Die Isopoliten waren ferner verpflichtet, sich nach der Niederlassung in ihrer neuen Heimat voll einzugliedern; zuvor mussten sie jedoch alle finanziellen und rechtlichen Angelegenheiten in der Heimatstadt regeln, das Eigentum in der Heimatstadt verkaufen oder als Erbe abtreten, d.h. finanzielle Verbindungen zur alten Polis abbrechen. Es galt wohl zu verhindern, dass wohlhabende Bürger Land in beiden Städten erwarben; die Isopolitie durfte auch nicht von Personen missbraucht werden, die durch die Übersiedlung sich lediglich ihren Schuldverpflichtungen in der Heimat entziehen wollten.

Isopolitieabkommen zwischen kretischen Städten sind seit dem frühen 3. Jh. bezeugt und in großer Zahl bis zum Ende des 2. Jh. v. Chr. nachgewiesen. Sie wurden nicht nur zwischen Nachbarn vereinbart, sondern auch zwischen Städten, die weit voneinander entfernt lagen. Die Zwecke der Isopolitie waren sicher vielfältig. In den meisten Fällen waren es jedoch wirtschaftliche Bedürfnisse, die zum Abschluss von Isopolitieverträgen führten: Erhielt doch nicht zuletzt die überzählige Bevölkerung einer Stadt die Möglichkeit, sich in deren Partnerstadt niederzulassen. So konnte diese Institution den sozialen Frieden einer Polis sichern. In der Regel hatte nur einer der Partner einen Bevölkerungsüberschuss und in Verbindung damit eine große Zahl landloser Bürger, denen er durch die Isopolitie neue Möglichkeiten zum Erwerb von Land im Gebiet der Partnerstadt eröffnen wollte. Der andere Partner hingegen, manchmal eine wesentlich schwächere Stadt, sicherte sich auf diese Weise den Schutz durch den Vertragspartner, mit dem er in der Regel auch durch ein Bündnis assoziiert war. Nicht selten war jedoch die Landnot einer Gemeinde stärker als ihre Vertragstreue, und so wurden mehrere Städte das militärische Opfer der Expansion einer Stadt, mit der sie früher ein Isopolitieabkommen abgeschlossen hatten.

Stellvertretend für viele derartige Abkommen seien hier einige Bestimmungen des Isopolitievertrags zwischen Lato und Olous zitiert (110 v. Chr.): «(...) Wer von den Latiern das Bürgerecht in Olous haben will, soll das Bürgerrecht haben, nachdem er seine privaten Rechtsgeschäfte (in der eigenen Stadt) geordnet hat, indem er an allen heiligen und menschlichen Dingen teilhat, an denen auch die anderen Olountier teilhaben; und unter denselben Bedingungen darf jeder Olountier, der es will, in Lato das Bürgerrecht haben, nachdem er seine privaten Rechtsgeschäfte (in der eigenen Stadt) geordnet hat, indem er an allen heiligen und menschlichen Dingen teilhat, an denen auch die anderen Latier teilhaben. Und der Latier darf aus Olous sowie der Olountier aus Lato ausführen, und zwar zu Land zollfrei, zur See aber, indem sie die Gebühren gemäß den jeweils geltenden Gesetzen zahlen, nachdem sie geschworen haben, dass sie für den Eigenbedarf ausführen. ... Und sie sollen gegenseitig das Heiratsrecht haben. Und der Latier darf in Olous an einen Olountier, ebenso der Olountier in Lato an einen Latier mittels des Schuldenarchivs verkaufen und kaufen und Darlehen geben und aufnehmen und alle anderen Geschäfte abwickeln gemäß den jeweils geltenden Gesetzen der Stadt ...»

Wenn aber Expansion, innere Kolonisation ebenso wie Söldnerdienst im Ausland und Auswanderung nicht möglich waren, um die Bevölkerung zu versorgen, so gab es nur noch einen Weg, die Krisensituation zu lösen – und der machte die Kreter im Hellenismus berüchtigt: die Beutezüge.

6.4 Die kretischen Seeräuber

«Drei sind die übelsten K's: Kreta, Kilikien, Kappadokien.» Mit diesem Sprichwort erinnerten sich die Griechen noch lange nach dem Ende der hellenistischen Zeit an drei Regionen, aus denen die berüchtigtsten Banditen kamen. In einem Grabgedicht beklagt sich ein Opfer der kretischen Piraten bitter (Anth. Pal.7654): «Kreter sind Räuber von je, Piraten. Nie denken sie rechtlich. Hat man bei Kretern einmal etwas Gerechtes gesehen? So haben Kreter auch mich, den Timolytos, als ich mit karger Ladung die Wogen durchfuhr, elend hinuntergestürzt. Laut nun klagen um mich die Möwen, die Vögel des Meeres, hier in dem Grabe jedoch schlummert Timolytos nicht.» (Übers. H. Beckby)

Solche «ethnischen Stereotypen» sind undifferenzierte und übertriebene Reflexe einer viel komplexeren Realität. Aber auch wenn man die Aussagen der anderen Griechen relativieren muss, bleibt die Bedeutung des Seeraubs für die hellenistische Geschichte Kretas unbestritten. Zu zahlreich sind die direkten und indirekten Zeugnisse. Manchmal schweigen unsere Quellen über die Identität der Seeräuber. Sie kamen in der Regel nachts, verbrannten oder kaperten die Schiffe ihrer Opfer, entführten Personen, raubten Wertsachen und verschwanden schnell wieder. Wenn es aber Bemühungen gab, die nach Kreta entführten Personen freizukaufen, können wir daraus mit Sicherheit schließen, dass die Piraten Kreter waren. So wissen wir von Seeräubern aus Allaria (Nordkreta), die im 3. Jh. in Thera Gefangene machten und sie nach Kreta brachten. Die Allarioten ließen drei Jahre später ihre Gefangenen frei, gaben ihnen Land und beteiligten sie an ihren Raubzügen. Die zwei «Kretischen Kriege» von Rhodos (§ 6.1) hängen direkt mit den Bemühungen dieser Handelsmacht zusammen, den Seeraub in der Ägäis einzuschränken.

Zu solchen unmittelbaren Zeugnissen lassen sich jene zahlreichen Vereinbarungen hinzufügen, die fremde Gemeinden mit kretischen Städten trafen, damit diese ihr Gebiet, ihre Heiligtümer und ihre Bevölkerung nicht angriffen; diese Vereinbarungen führen zudem Regeln für die schnelle Befreiung der Opfer von Beutezügen ein. Man kennt mehr als siebzig solcher «Asylie»-Vereinbarungen mit Inseln und Küstenstädten Kleinasiens. Die Tatsache, dass einige von diesen Vereinbarungen mehrfach erneuert werden mussten, zeigt, dass ihre Gültigkeit von kurzer Dauer und bescheidener Wirkungsmacht war.

Dennoch ist nicht davon auszugehen, dass alle kretischen Städte Piraterie betrieben. Die Rhodier z. B. verpflichteten um 200 v. Chr. mehrere kretische Städte vertraglich zu einer Zusammenarbeit gegen den Seeraub. Seeraub wurde in bestimmten Perioden intensiver betrieben. So florierte die Piraterie besonders im späten 3. Jh., als die Operationen kretischer Seeräuber Teil der Strategie des Makedonenkönigs Philipp V. in seinen Kriegen im östlichen Mittelmeer waren, und dann wieder in der Mitte des 2. Jh. und im frühen 1. Jh., als das Fehlen einer zentralen Macht in der Ägäis Angriffe gegen Handelsschiffe und Küstenstädte erleichterte. Es muss ferner betont werden, dass die Kreter den Seeraub und den Beutezug als legitime Formen der Kriegführung gegen Gemeinwesen verstanden, die durch keine vertraglichen Verpflichtungen vor solchen Angriffen geschützt waren.

Mehrere Bündnisverträge sahen die Durchführung von staatlich oder privat organisierten Feldzügen vor, die auf Beutegewinnung abzielten, und legten die Prinzipien für die Aufteilung der Beute fest. Bei den von mehreren Städten organisierten Beutezügen wurde die Beute in der Regel durch Los und proportional zur Größe der beteiligten Kontingente aufgeteilt. Der Gewinn fiel den Städten zu, die auch die Kosten für die Organisation des Beutezugs (Sold und Proviant) getragen hatten, und wurde dann den öffentlichen Einnahmen zugeführt, mit denen man auch die Syssitien finanzierte. Ein Vertrag zwischen Gortyn und einem anonymen Vertragspartner sah dagegen vor, dass die gesamte Beute an die Stadt ging, welche die Initiative zu dem Feldzug ergriffen hatte und die Truppen führte, während sich die andere Seite wohl mit dem Söldnerlohn für die entsandten Soldaten begnügen musste. Der zwischen Phalasarna und Polyrhen abgeschlossene Vertrag (ca. 300–275 v. Chr.) sah Feldzüge zu Land und zur See vor: «Bezüglich dessen, was wir von den Feinden auf Einladung der Polyrhenier nehmen, wenn bis zu 20 Männer mitkommen, sollen die Phalasarnier ¼ der Beute und des Geldes (oder der Wertsachen) durch das Los erhalten; die Phalasarnier sollen für den Gott den vom Brauch vorgesehenen Anteil auf die Seite legen; auf dem Gebiet der Polyrhenier sollen die Polyrhenier die Phalasarnier mit dem Nötigen versorgen, auf dem Gebiet von Phalasarna aber die Phalasarnier die Polyrhenier. Und wenn sie einen Feldzug in einem fremden Gebiet durchführen, dann soll jeder seine (Männer) mit dem Nötigen versorgen. In den Feldzügen zu Land sollen die Polyrhenier die Führung haben, zur See aber die Phalasarnier.» Im Falle privat organisierter Beutezüge wurde die Beute unter den Soldaten verteilt, die einen Zehnten des Gewinns an ihre Stadt abtreten mussten.

Der Seeraub machte Kreta zu einem wichtigen Sklavenmarkt; auch Seeräuber aus anderen Regionen brachten ihre Opfer dorthin. Da Beutezüge und Seeraub Reaktionen auf die wirtschaftlichen Herausforderungen der hellenistischen Zeit darstellten und den landlosen Bürgern die Möglichkeit eröffneten, sich auf Kosten anderer zu versorgen oder gar zu bereichern, wurden sie von den kretischen Poleis nicht nur geduldet, sondern sogar gefördert.

6.5 Innenpolitische Konflikte und die abhängige Bevölkerung

Die epigraphischen Zeugnisse deuten darauf hin, dass trotz mancher Modifizierungen das soziale Gefüge weitgehend seine alte Form und das politische System seinen aristokratischen Charakter auch im Hellenismus bewahren konnten. Dieses an der Oberfläche ungestörte Bild kann jedoch nicht über tiefer liegende Spannungen auf Kreta hinwegtäuschen. Es gibt gelegentlich Nachrichten über Bürgerkriege in einigen Städten (Itanos, Gortyn, Dreros, Malla, Phalasarna), und zwar fast immer im Zusammenhang mit äußeren Konflikten. Der jeweils konkrete soziale oder politische Hintergrund dieser Auseinandersetzungen ist zumeist unklar. Für die Auffassung, dass es bei solchen Konflikten um die Einführung einer demokratischen Verfassung ging (S. 97), fehlt jedoch jedes Zeugnis. Wenn die Quellen etwas über den Hintergrund der Auseinandersetzungen sagen, so geht es dabei um Landbesitz (Itanos) und um Schulden (Malla).

Konfliktpotential barg auch die Herrschaft über eine abhängige Bevölkerung. Die Einwanderung neuer Stämme in den Dunklen Jahrhunderten hatte einst zur Unterwerfung eines Teils der einheimischen Bevölkerung geführt, die im Status der Unfreiheit das Land für die Eroberer bestellen musste. In den bereits erwähnten Begriffen oiketeia, mnoia und hypooikoi sind Spuren solcher Siedlungen unfreier Bauern noch in hellenistischer Zeit zu erkennen. Weitere abhängige Siedlungen entstanden durch die lokalen Kriege: In einigen Fällen wurde die Hauptsiedlung des unterlegenen Gemeinwesens nicht zerstört, sondern bestand als vom Sieger fortan abhängige Gemeinde unter gleichem Namen fort.

Seit dem 3. Jh. häufen sich die Zeugnisse über die Bemühungen von Städten, die Rechtsverhältnisse zu ihren abhängigen Gemeinden neu zu bestimmen. Die Regelungen der Rechtsverhältnisse zwischen herrschender Polis und abhängiger Gemeinde haben meist die Rechtsform eines Volksbeschlusses, mit der die herrschende Polis einseitig Zugeständnisse gegenüber der abhängigen Gemeinde macht, aber zugleich auch die Pflichten der abhängigen Gemeinde definiert. Solche Neuregelungen setzen Verhandlungen voraus, die wahrscheinlich nicht immer konfliktfrei verlaufen sind. Die einschlägigen Dokumente betreffen Zugeständnisse der herrschenden Stadt, die Pflichten der abhängigen Gemeinde und die Rechtshilfe: Die abhängigen Gemeinden durften eigene Magistrate, eigene Gesetze und Gerichtshöfe haben; Eigentümer des Landes war die herrschende Polis, sie gewährte aber den abhängigen Gemeinden das Recht, das Land zu bewohnen und zu nutzen; die herrschende Stadt gewährte schließlich der abhängigen Gemeinde Schutz vor Angriffen. Für die Nutzung des Landes hatte die abhängige Gemeinde Abgaben zu zahlen, in der Regel den Zehnten der Erträge, im Falle der Insel Kaudos beispielsweise Salz und Wacholderbeeren. Ferner war die abhängige Gemeinde verpflichtet, die herrschende Stadt militärisch zu unterstützen, Truppen und Aufsichtsmagistrate aufzunehmen, Schiffstransporte für sie durchzuführen und Heiligtümer zu pflegen. Im Großen und Ganzen verraten die Regelungen über die abhängigen Gemeinden eine Tendenz zur Verbesserung ihres Status und eine Einschränkung der Willkür der herrschenden Stadt.

In einer konfliktreichen Epoche waren die kretischen Städte sowohl an der Stärkung ihrer Verteidigung als auch an der Sicherung ihrer Einkünfte interessiert. Die Verleihung gewisser

Rechte an die abhängigen Gemeinden sicherte in dieser Situation den Städten treue Verbündete an der Grenze ihres Gebietes, die gelegentlich auch Söldner stellen konnten. Einige Einheiten kretischer Söldner in hellenistischen Armeen wurden als «die neuen Kreter» (*Neokretes*) bezeichnet; möglicherweise waren es aus der abhängigen Bevölkerung rekrutierte Söldner (und Neubürger?). Mit solchen Maßnahmen bauten die kretischen Poleis vorhandene Spannungen ab, ohne der abhängigen Bevölkerung die völlige Gleichberechtigung zu gewähren.

6.6 Gesellschaft, Kultur, Religion, Mentalität

Die politisch und militärisch bedingte Öffnung des hellenistischen Kreta blieb nicht ohne Auswirkungen auf Gesellschaft und Kultur. Charakteristisch für dieses Zeitalter ist die Mobilität der Bevölkerung. Förderten die zwischenstaatlichen Vereinbarungen die Mobilität innerhalb der Insel, so führte der mehrfach erwähnte Söldnerdienst viele Tausende von Kretern, zum Teil mit ihren Familien, vorübergehend oder dauerhaft in andere Länder. Jene Kreter, die auf ihre Insel zurückkehrten, brachten nicht nur ihren Söldnerlohn, ihre Beute und ihre Erfahrungen aus der weiten Welt mit, sondern auch die Kenntnis von aktuellen politischen und kulturellen Entwicklungen. Diese fremden Einflüsse dürfen allerdings nicht überbewertet werden, denn die sehr konservativen Institutionen und vor allem die militärische Orientierung der Städte verhinderten eine weitreichende Veränderung der Verfassung und der Gesellschaft.

Lange Zeit wurde in der Forschung die These einer Demokratisierung Kretas in hellenistischer Zeit vertreten, gestützt auf die große Zahl von Beschlüssen der Volksversammlung und die wiederkehrende Verwendung der Worte *Demos* («Volk») und *Demokratia* in Inschriften. Die Angleichung der Formulierungen der kretischen Inschriften an jene anderer Regionen ist jedoch kein Beweis für demokratische Reformen, die diesen Namen verdienen. Dass die Volksversammlung häufiger einberufen wurde, um Kriege zu erklären, Frieden zu schließen und Verträge zu genehmigen, erklärt sich aus den politischen Realitäten dieser Zeit, bedeutet aber keineswegs, dass breitere soziale Schichten als in der Vergangenheit politischen Einfluss gewannen. Im Gegenteil: Die kontinuierliche Kriegsführung stärkte jene Gruppen, welche die militärische Führung innehatten, d.h. die Familien, die traditionell die Kosmoi stellten. Die erhaltenen Namen von Kosmoi in Städten, von denen wir repräsentatives Quellenmaterial besitzen (Knossos, Gortyn, Lato), zeigen ganz eindeutig, dass die obersten Beamten von einem sehr kleinen Kreis einflussreicher und ökonomisch mächtiger Familien gestellt wurden. Ohne lokale Sonderfälle ausschließen zu wollen, kann also von einer Tendenz zur Demokratisierung keine Rede sein.

Im kulturellen Bereich beobachten wir hingegen deutlichere Veränderungen, welche jedoch gleichfalls nicht überbewertet werden dürfen. Der durch den Krieg und den Handel mit Sklaven, weniger jedoch mit den Produkten der Insel generierte Reichtum brachte zwar Luxusgegenstände und einige fremde Künstler nach Kreta, aber nur beschränkt und eher oberflächlich eine Anpassung der Insel an die hellenistische *Koine* («gemeinsame kulturelle Ausdrucksweise»). Die kretischen Grabreliefs etwa folgen den zeitgenössischen Tendenzen, und die mit pflanzlichen Motiven dekorierten «Hadra-Vasen» – so nach einem Friedhof in Alexandrien benannt, wo sie in großer Zahl gefunden wurden –, die auf Kreta produziert und auch ins Ausland exportiert wurden, gehören zu den bekanntesten hellenistischen Keramikgattungen. Und dennoch findet man auf Kreta eben keine so charakteristisch griechischen Kulturformen wie Theateraufführungen und große Tempel; auch freistehende Statuen sind kaum bekannt. Nicht zuletzt die Religion bewahrte ihren konservativen Charakter: Weiterhin wurden die traditionellen Götter verehrt, wobei verständlicherweise jene Götter, welche die Burg oder die Grenzen des Territoriums beschützten, eine prominente Stellung einnahmen. Die Kultbeinamen der Götter wiesen oft auf Grenzheiligtümer hin (z.B. Zeus Thenatas in Amnisos, Athena Oleria in Oleros, Zeus Skylios in Rhytion); so entsteht der Eindruck, dass die Städte durch die Pflege solcher lokaler Götter ihre Gebietsansprüche unterstreichen wollten.

Die einzige entscheidende Veränderung im Bereich der Religion war – neben der größeren Popularität des Kultes des Asklepios – die Einführung des Kultes der ägyptischen Götter (Sarapis, Isis, Osiris). Die kretischen Söldner hatten sie im Ptolemäerreich kennengelernt. Sowohl in Gortyn wie auch in Itanos, wo Heiligtümer der ägyptischen Götter gegründet wurden, waren die Förderer der Kulte Soldaten: in Gortyn ein kretischer Söldner im Dienst der Ptolemäer, in Itanos ein Offizier der ptolemäischen Garnison.

Auch die Mentalität der Kreter scheint sich nicht verändert zu haben, wie am besten ein Vergleich mit anderen hellenistischen Regionen zeigt. Viele Zeugnisse, die man im hellenistischen Griechenland und in Kleinasien in großer Zahl findet – aufwendige Weihungen in Heiligtümern, private Stiftungen von öffentlichen Bauten und Festen, beeindruckende Grabbauten, Ehreninschriften für Wohltäter oder verdiente Staatsmänner, Grabinschriften mit Angaben zu den Ämtern und Leistungen der Verstorbenen – sind im hellenistischen Kreta völlig unbekannt. Eines der markantesten Phänomene der hellenistischen Welt, der Euergetismus, d. h. die prominente Rolle von Wohltätern (*euergetai*), die ihre Gemeinwesen finanziell unterstützten und auf diese Weise politischen Einfluss gewannen, fehlt im hellenistischen Kreta. Erst gegen Ende dieser Periode (um 100 v. Chr.) sind in Lato ein Mann, der die Reparaturen eines Tempels finanziert hatte, und ein Ehrenepigramm für einen verstorbenen Staatsmann bezeugt. Es gibt ferner kaum private Weihungen. In einer Zeit, die durch den Individualismus und den Hang zur Selbstdarstellung starker Persönlichkeiten gekennzeichnet war, haben die politischen und militärischen Führer der kretischen Städte keine Zeugnisse ihrer Rolle hinterlassen. Wenn wir etwas über sie erfahren, dann nur durch Inschriften, die außerhalb Kretas aufgestellt wurden. So wissen wir von einem gewissen Charmadas von Anopolis durch sein Epigramm in Palästina und von dem Offizier Telemnastos von Gortyn, weil ihn seine Soldaten in Epidauros ehrten.

Eine Erklärung für dieses abweichende Verhalten der Kreter sehe ich in der Gesellschaftsstruktur, in welcher der Kollektivgeist und nicht die Individualität geschätzt wurde. Zwar förderte die kretische Gesellschaft den Wetteifer unter ihren Mitgliedern, aber das Forum der Ehrungen war nicht die große Öffentlichkeit, sondern das Männerhaus, und ihr Medium nicht die öffentlich aufgestellte Inschrift, sondern das mündliche Lob im Syssition. Nur wenn sich die Kreter im Ausland befanden und sich von den Zwängen dieser Struktur lösten, passten sie sich den Verhaltensformen ihrer neuen Umgebung an. Einen endgültigen Bruch mit ihrer Tradition aber brachte erst die römische Eroberung.

7. Kreta in der römischen Welt (ca. 67 v. Chr.–ca. 640 n. Chr.)

7.1 Die Eroberung Kretas durch die Römer

Die wenigen historischen Nachrichten, die wir über die Zeit zwischen der Befriedung Kretas (110 v. Chr.) und dem ersten Krieg gegen Rom (um 71 v. Chr.) besitzen, beziehen sich auf den Seeraub und den Söldnerdienst von Kretern in der einzigen Armee im Osten, welche die Macht Roms noch herausforderte. Von seinem Königreich am Schwarzen Meer ausgehend, nutzte König Mithridates VI. die Unzufriedenheit der unter römischer Herrschaft lebenden Bevölkerung in Griechenland und Kleinasien und gewann so deren Unterstützung in seinem Krieg gegen Rom (88–86 v. Chr.). Die Kreter, Bewohner einer der wenigen Regionen im Osten, die noch nicht unter römischer Herrschaft standen, boten ihm ihre Dienste als Söldner an. Noch stärker wurden die Beziehungen zwischen Kreta und Rom durch den Seeraub belastet, der im späten 2. und frühen 1. Jh. v. Chr. Seefahrt und Handel im östlichen Mittelmeer beträchtlich störte. Der Untergang von Staaten, deren Flotten früher den Piraten einigermaßen Einhalt geboten hatten (Rhodos, das ptolemäische Ägypten und Pergamon), hinterließ ein Machtvakuum, das Rom noch nicht zu füllen vermochte. Allerdings befriedigte die Tätigkeit der Seeräuber auch die Bedürfnisse der römischen Großgrundbesitzer nach Arbeitskräften: Die Sklaven, die auf den großen Märkten von Delos oder Side verkauft wurden – angeblich bis zu 10 000 Menschen an einem Tag in Delos –, waren Opfer dieser Piraten.

Erst nachdem die Seemacht der Seeräuber von Kilikien und Kreta enorm gewachsen war, sah sich der römische Senat gezwungen, Maßnahmen zu ergreifen. Ein erster Angriff des Marcus Antonius (Vater des viel berühmteren Liebhabers der Kleopatra) auf Kreta im Jahre 71 v. Chr. endete mit seiner beschämenden Niederlage. Sein Beiname Creticus (an sich ein Siegesbeiname) erinnerte spöttisch an sein Versagen. Trotz ihres Sieges waren die Kreter – zu dieser Zeit wohl der Kretische Bund – bereit, mit Rom zu verhandeln und die Gefangenen freizulassen. Der Senat, der die von dieser Niederlage ausgehende Gefahr realisierte, stellte aber ein Ultimatum: Die Kreter sollten 300 Geiseln nach Rom schicken, darunter auch Lasthenes, einen ihrer Anführer und Beamten in Knossos; alle Schiffe mit mehr als 4 Rudern – also ihre gesamte Flotte – waren abzugeben und zudem der astronomische Betrag von 4000 Talente Silber zu zahlen; dieser Betrag entsprach der Hälfte der damaligen Tributeinnahmen der Römer aus dem gesamten Osten. Dass einige Kreter bereit waren, diese Forderungen zu akzeptieren, lässt auf den in Kreta zu dieser Zeit angehäuften Reichtum schließen. Allerdings setzten sich die Befürworter des Krieges durch. Lokaler Stolz, die Aussicht auf Erfolg, die Sorge um den Verlust einer lebenswichtigen Einnahmequelle, vor allem aber die Orientierung der kretischen Erziehung auf die Kriegsführung, erklären diese Entscheidung.

Der Krieg des Q. Caecilius Metellus gegen Kreta währte zwei Jahre. Die Kreter mobilisierten 24 000 junge Männer, aber ihr Widerstand wurde gebrochen – nicht zuletzt deswegen, weil einige kretische Städte mit den Römern gemeinsame Sache machten. Die Folgen waren verheerend. Manche Städte, wie Phalasarna, wurden völlig zerstört, andere, wie Eleutherna und Lappa, stark beschädigt. Im Jahr 67 endete der Krieg, und Kreta stand zum ersten Mal in seiner Geschichte unter fremder Herrschaft.

Für die nächsten vierzig Jahre, bis zum Beginn der Herrschaft des Augustus, bietet die Geschichte Kretas nicht mehr als eine wenig bekannte lokale Episode der Bürgerkriege der späten Republik. Kreta und die Kyrenaika in Nordafrika wurden zu einer Provinz zusammengeführt, über deren Verwaltung zur Zeit der Republik wir fast nichts wissen. Die Anfänge der blühenden jüdischen Gemeinde Kretas gehen vielleicht auf die Verbindung mit dieser nordafrikanischen Region, in der viele Juden lebten, zurück. Einige der großen Gegner während der Bürgerkriegszeit (Pompeius, Cassius und Brutus, Marcus Antonius) nutzten Kreta, um dort ihre Veteranen anzusiedeln oder um Soldaten zu rekrutieren; Marcus Antonius, der Kreta kontrollierte, schenkte Kleopatra um 36 v. Chr. Teile der Insel. Erst der Sieg Oktavians bei Actium (31 v. Chr.) brachte endgültig eine Befriedung im östlichen Mittelmeer, und erst seit dieser Zeit können wir die Geschichte des römischen Kreta verfolgen.

Die römische Eroberung stellt die wichtigste Zäsur in der Geschichte Kretas seit dem Untergang der Paläste dar. Sie bedeutete nicht nur die Unterwerfung unter fremde Herrschaft und die Einrichtung einer Provinzverwaltung, sondern auch die völlige Zerstörung einer Staats- und Gesellschaftsordnung, die fast ein Jahrtausend bestanden hatte. Sie brachte zudem den Zusammenschluss der vielen rivalisierenden und immer in Kriege verwickelten Zwergstaaten zu einer großen politischen Einheit: Kreta war jetzt eine Insel im Zentrum des befriedeten östlichen Mittelmeeres, im römischen Herrschaftssystem und dementsprechend in den wirtschaftlichen Netzwerken des Imperium Romanum völlig integriert. Gortyn, Hauptstadt der Provinz *Creta et Cyrenae* (Kreta und Kyrenaika, das heutige Libyen), unterschied sich kaum von anderen Provinzhauptstädten des Reichs. Die wichtigsten Grundlagen der kretischen Gesellschaft, die militärische Erziehung der Jungen, die Männerhäuser und die Syssitien, waren mit der römischen Herrschaft nicht zu vereinbaren und mussten daher aufgegeben werden.

Diese tief greifenden Folgen der Eroberung für die Gesellschaft Kretas sind in ihrer Reichweite vergleichbar mit der Einführung der Marktwirtschaft in den Ländern des ehemaligen

Ostblocks. Durch die Abschaffung der vom Staat mitfinanzierten gemeinsamen Mahlzeiten (der Syssitien) wurde das Fundament der archaischen Gesellschaft und Wirtschaft Kretas zerstört. Die Agrarproduktion, befreit vom streng reglementierten Syssitiensystem und von den Zwängen einer militärischen Gesellschaft, unterlag von nun an der Entscheidung des einzelnen Grundbesitzers. Wichtiger noch: Durch die Ansiedlung von Veteranen, später durch die Gründung einer römischen Kolonie in Knossos und die Zuwanderung einer Bevölkerung, der die alten lokalen Traditionen völlig fremd waren, kam ein großer Teil des Landbesitzes in die Hände von Personen italischer Herkunft, die mit den Möglichkeiten profitbringender, aber auch risikoreicher Geschäfte in Plantagenwirtschaft und Handel bestens vertraut waren. Da die privilegierte Schicht der sich primär mit dem Krieg beschäftigenden Bürger verschwand, schwanden zugleich die Ursachen für die Benachteiligung von Händlern und Handwerkern und somit die gesellschaftlichen Hindernisse für das Aufblühen von Handel und Handwerk.

Die kretischen Poleis verloren ihre Autonomie und damit auch die Freiheit, sich gegenseitig zu bekriegen. Dies verstärkte die Tendenz zu Mobilität innerhalb der Insel, die auch schon in hellenistischer Zeit im Rahmen zwischenstaatlicher Vereinbarungen zu beobachten war. Eine weitere Form der Mobilität war die Niederlassung von Nichtkretern, die einst im vorrömischen Kreta fast ausgeschlossen war. Fremde kamen nach Kreta in großen Gruppen von Kolonisten oder als einzelne Zuwanderer. Die großen Gruppen waren die Veteranen der mächtigen Generäle der späten Republik, denen ihre einstigen Kriegsherren Land auf Kreta zugewiesen hatten. Bereits Pompeius siedelte um 65 v. Chr. viele seiner Veteranen auf Kreta an – fünfzehn Jahre später rekrutierte er sie wieder in seinem Krieg gegen Caesar –, und seinem Beispiel folgte Marcus Antonius, der zwischen 42 und 31 v. Chr. Kreta beherrschte. Im 1. Jh. v. Chr. war in Gortyn eine organisierte Gruppe römischer Händler aktiv (*cives Romani qui Gortynae negotiantur*). Um 27 v. Chr. gründete Augustus an Stelle der alten und während des Eroberungskrieges stark zerstörten Stadt Knossos eine römische Kolonie

(*Colonia Julia Nobilis Cnosus*). Ihre Bevölkerung bestand zum Teil aus der einheimischen Bevölkerung, die das römische Bürgerrecht erhielt, größtenteils jedoch aus neuen Siedlern, die wahrscheinlich aus Kampanien kamen. Augustus hatte einen Teil seiner Veteranen in Capua angesiedelt, und als Entschädigung schenkte er den Capuanern Land auf dem Gebiet von Knossos. Dies gab vielen Familien aus Kampanien die Möglichkeit, sich auf Kreta niederzulassen. Neue Siedler kamen aber auch wegen der neuen Möglichkeiten, die sich für Handel, Handwerk und die spezialisierte landwirtschaftliche Produktion (Öl, Wein) ergaben. Sie trugen zur schnellen Veränderung Kretas und zur Integration der früher isolierten Insel wesentlich bei, nicht nur in wirtschaftlicher, sondern auch in religiöser und kultureller Hinsicht.

Das römische Kreta war demnach befriedet, extrovertiert, kosmopolitisch und in sozialer und wirtschaftlicher Hinsicht vielfältiger als das archaische, klassische und hellenistische Kreta.

7.2 Verwaltung und politische Institutionen

In der Kaiserzeit bildete Kreta zusammen mit der Kyrenaika eine Provinz. Auf Kreta war seit Augustus keine Armee stationiert, und so unterstand die Provinz nicht direkt dem Kaiser, sondern dem Senat. Sie wurde von einem Prokonsul prätorischen Ranges (d. h. einem ehemaligen Praetor, einem hohen römischen Beamten) verwaltet, der in der Regel ein Jahr im Amt blieb. Nur wenige von diesen Prokonsuln sind durch eine spätere glänzende Karriere bekannt geworden (wie C. Antius A. Iulius Quadratus, Konsul unter Trajan und anschließend Statthalter von Asia); dies zeigt, dass die Verwaltung Kretas keine große Herausforderung darstellte. Kaiser Tiberius (möglicherweise auch andere Kaiser) schickten Verbannte nach Kreta, und auch manchen Senatoren mag ihre Versetzung dorthin als Verbannung vorgekommen sein. Der Statthalter und sein Stab (quaestor, legatus) waren in der Hauptsache mit Rechtsprechungsaufgaben, Finanzverwaltung, Instandsetzung von Straßen, Errichtung repräsentativer Bauten, Pflege von Heiligtümern, Sorge für Ruhe und

Ordnung und – zumindest in dieser Hinsicht hatten sich die Kreter nicht geändert – mit der Beilegung von Konflikten zwischen kretischen Gemeinden beschäftigt. Einer der wenigen bekannten Prozesse im römischen Kreta betraf übrigens die Verurteilung und anschließende Hinrichtung von zehn Christen aus verschiedenen Städten am 23. Dezember 250 in Gortyn; der Name der heutigen Siedlung Agioi Deka («die Heiligen Zehn») erinnert noch an ihr Martyrium.

Auf Kreta wirkten auch Prokuratoren, Mitglieder des Ritterstandes, die sich im Dienste des Kaisers der finanziellen Angelegenheiten in den Provinzen annahmen. Ihre Entsendung nach Kreta zeigt, dass der Kaiser wirtschaftliche Interessen auf der Insel verfolgte.

Die Versorgung mit Heilpflanzen stellte vielleicht einen weiteren Grund für die Präsenz eines kaiserlichen Prokurators dar. Mit ihren mehr als 1200 verschiedenen Pflanzenarten weist die kretische Flora die größte Vielfalt in Europa auf, und seit dem 1. Jh. n. Chr. gibt es eindeutige Hinweise auf einen massiven Export kretischer Pflanzen, die in Medizin, Parfumherstellung, in Kochkunst und Magie reichlich Verwendung fanden. Unsere wichtigste Quelle hierfür sind die medizinischen Autoren, die mehr als 40 kretische Heilpflanzen, Kräuter und ihre medizinische Wirkung beschreiben. Einige Heilpflanzen finden sich sogar ausschließlich auf Kreta (etwa origanum dictamnus, Diktamon, heute *érontas*). Der berühmteste Arzt der Kaiserzeit, Galenus (*de antidotibus*), unterstreicht die Bedeutung des Geschäftes mit den kretischen Heilpflanzen und die Rolle des Kaisers in diesem Zusammenhang: «Jedes Jahr, im Sommer, kommen von Kreta nach Rom viele Heilpflanzen. Der Kaiser unterhält auf der Insel Kräutersammler, die nicht nur ihm, sondern der ganzen Stadt Rom Körbe voll mit Heilpflanzen schicken. Diese Pflanzen exportiert Kreta auch in viele andere Länder, weil es ja dort weder an Kräutern noch an Früchten, Körnern, Wurzeln und Säften mangelt. Und alle anderen Produkte sind rein, einige Breie werden jedoch verfälscht, auch wenn dies selten vorkommt. Denn die Vielfalt der Kräuter auf Kreta ist so groß, dass die Kräutersammler es selten nötig haben, die Käufer zu betrügen.» Der kaiserliche Prokurator war also Vertreter des Kaisers auf Kreta auch in diesem gewinnbringenden Geschäft.

Die neue Einheit Kretas demonstrierte der neu geschaffene kretische Bund, das *Koinon ton Kreton* («Bund der Kreter») – in absichtlicher Abweichung vom Namen des alten Bündnisses (*Koinon ton Kretaieon*). Es war ein Landtag der freien kretischen Städte, der sie gegenüber dem Statthalter vertrat, sich aber vor allem – wie ähnliche Koina in anderen Provinzen – dem Kaiserkult widmete. Vorsitzender dieses Rates, der aus einer unbekannten Zahl von Vertretern der Städte bestand, war der *Kretarches*, der wahrscheinlich zugleich Hoher Priester des Kaisers war und in diesem Kontext alle fünf Jahre Wettkämpfe ausrichtete. Das Koinon prägte auch eigene Münzen (1.–2. Jh.). Mitglieder des Landtags waren die kretischen Poleis, die noch den Status einer selbstverwalteten Gemeinde behalten durften: Von den früher mehr als 60 Poleis waren nach den Eroberungskriegen der hellenistischen Zeit und den zerstörerischen Wirkungen der römischen Eroberung kaum mehr als 20 übrig geblieben, und darunter waren wahrscheinlich 15 oder 16 Städte im Landtag vertreten. Diese Poleis hatten ihre eigenen Magistrate, ihr eigenes Land und das Recht, eigene Münzen zu prägen – freilich unter Aufsicht des Statthalters. Viele Siedlungen, die früher den Polis-Status hatten, existierten weiterhin als untergeordnete «Dörfer». Knossos hatte als Kolonie römischer Bürger einen besonders privilegierten Status.

Auch die innere Organisation der Poleis änderte sich, wegen der Abschaffung der militärischen Einrichtungen und unter dem Einfluss der römischen Institutionen. Gut bekannt ist die innere Verwaltung der römischen Kolonie *Cnosus*. Wie die meisten römischen Kolonien wurde Knossos von einem vierköpfigen Beamtenkollegium verwaltet, bestehend aus zwei Bürgermeistern (*duoviri*) und zwei *aediles*, die den Markt und die Finanzen beaufsichtigten. Neben den Magistraten spielte der Rat (*curia*) eine wichtige Rolle; die Zahl der Ratsmitglieder (*decuriones*) kennen wir nicht. Unter dem Einfluss dieser römischen Einrichtungen änderte sich auch die Verwaltung der traditionellen

Poleis. Das alte Beamtenkollegium der Kosmoi bestand weiterhin, aber sie hatten keine militärischen Kompetenzen mehr und ihre Zahl scheint (in Analogie zu den vier Beamten der Kolonie Cnosus) auf vier reduziert worden zu sein, von denen einer die Funktion des Vorsitzenden (*protokosmos*) innehatte.

Die alte aristokratische Ordnung, in der nur die Mitglieder einiger Familien die politische Führung innehatten, entwickelte sich allmählich zu einer oligarchischen Ordnung, in der nicht so sehr die Geburt, als vielmehr das Vermögen entscheidend war. Einige der alten Familien dürften ihr Vermögen und damit ihre führende Stellung behalten haben, vor allem wenn sie bereit waren, mit den Römern zusammenzuarbeiten. Aber die Ankunft neuer Siedler veränderte auch die Zusammensetzung der politischen Elite (§ 7.5).

7.3 Wirtschaftliche Erneuerung

Die Folgen der Abschaffung der Syssitien und des daran geknüpften Versorgungssystems, ferner der Verlust der mit dem Krieg verbundenen Einnahmequellen (Söldnerlohn, Beute) müssen für die weniger begüterten Bürger zunächst verheerend gewesen sein. Im Allgemeinen führte die römische Eroberung ab dem späten 1. Jh. v. Chr. jedoch einen Aufschwung herbei, der neue wirtschaftliche Aktivitäten ermöglichte. Aus der Öffnung des wirtschaftlichen Systems und der marktorientierten Produktion resultierte eine Umorientierung der Wirtschaft weg von der Produktion des für die Subsistenz wichtigen Getreides und hin zur Plantagenwirtschaft, d. h. primär zur Produktion von Wein und Öl für den Export. Diese Produktionszweige konnten nach anfänglichen Investitionen (allerdings auch bei beträchtlichen Risiken) hohe Gewinne erzielen. Dass jetzt vermehrt Villen gebaut wurden, hängt wohl mit der wirtschaftlichen Nutzung großer Ländereien zusammen. Die neuen archäologischen Untersuchungen belegen auch eine wachsende Zahl von weit verstreuten kleinen Siedlungen und Gehöften, was ebenfalls von einer intensiveren Nutzung des Landes zeugt; erst das Ende der hellenistischen Kriege hatte dies ermöglicht. Ein kleines «Archiv» von Tonscherben, auf denen Lieferungen wohl von Öl oder Wein und Geldbeträge registriert waren (Chersonesos, 2. Jh. n. Chr.), belegt Transaktionen großen Umfangs, die mit der handelsorientierten Plantagenwirtschaft zusammenhängen.

Am besten kann man diese Umorientierung der Wirtschaft im kretischen Weinhandel beobachten. Seit der minoischen Zeit gehört der Wein zu den wichtigsten Produkten Kretas. Zwischen der Weinproduktion für den Eigenbedarf bzw. für den Export gibt es allerdings einen großen Unterschied. Sieht man von unserer eigenen Epoche ab, so ragen zwei historische Perioden heraus, in denen der kretische Wein massenhaft exportiert wurde: die Zeit der römischen (spätes 1. Jh. v. Chr.–5. Jh. n. Chr.) und die Zeit der venezianischen Herrschaft (15.–16. Jh.). Es ist wohl kein Zufall, dass es sich um Perioden fremder Herrschaft handelt, in welchen die kretische Wirtschaft nach Westen hin orientiert war.

Seit der Eroberung Kretas durch die Römer häufen sich die Zeugnisse für die Anwesenheit römischer Händler. Die Produktion und der Export der hervorragenden Weinsorten der Insel bildete sicherlich eine ihrer wirtschaftlichen Interessen. Vom 1. bis zum 4. Jh. n. Chr. wird der kretische Wein häufig von griechischen und lateinischen Autoren erwähnt, vor allem in medizinischen Rezepten. Am häufigsten wird das aus Rosinen hergestellte und wegen seines süßen Geschmacks beliebte *passum* (*passon*, *staphidites* oder *hepsema*) genannt; es entspricht vielleicht unseren Dessertweinen.

Wie wichtig die Weinproduktion im römischen Kreta war, geht ferner aus einem geographischen Kompendium der römischen Kaiserzeit (*Expositio totius mundi et gentium*) hervor, das aus der Vielzahl kretischer Produkte einzig den Wein nennt und ihn als «ausgezeichnet» (*vinum optimum*) deklariert. Auch die Weinhändler unterstrichen die Qualität dieses Produktes. So heißt es auf einem in Pompeii gefundenen Gefäß «hervorragender kretischer Wein» (*vinum Creticum excellens*). Solche kurzen Texte auf kretischen Weingefäßen (Amphoren) liefern Informationen über die Produktion und den Handel mit dieser Ware, die Namen von Produzenten und Händlern, das Jahr der Produktion, die Kapazität des Gefäßes, vor allem aber enthalten sie interessante Angaben zu den Anbaugebieten und den Rebsorten. Aus solchen Texten (z. B. den vielen Amphoren in Pompeii mit der Herkunftsangabe *Lyttios*, d. h. «Wein aus Lyttos») erfahren wir, dass Lyttos das wichtigste Zentrum für den Export kretischen Weins nach Italien war. Archäologische Untersuchungen, die zur Identifizierung der Produktionsstätten der kretischen Amphoren geführt haben, erlauben uns, diese allein aufgrund ihrer Form zu erkennen – ähnlich, wie man heute für Riesling, Chianti oder Bordeaux verschiedene Flaschenformen verwendet. Der Wein Kretas wurde massenhaft im ganzen Mittelmeer vermarktet, von Alexandrien in Ägypten bis Lyon und von Athen, Korinth und Dyrrachion im heutigen Albanien bis Pompeii und Napoli.

Die Nennung verschiedener Weinsorten bezeugt auch eine große Spezialisierung in der Weinproduktion. Auf einem Gefäß lesen wir «süßer Wein», auf einem anderen «Wein mit Aroma», eine dritte Notiz verrät, dass der Wein nach Myrrhe roch. Es gab auch den *athalassos*, d. h. Wein, der kein Meereswasser enthielt; so heißt es werbend auf einem Gefäß in Eleutherna: «(Wein) nicht vermischt mit Meereswasser, (stark wie) Herakles!» Meerwasser wurde vor allem bei der Herstellung des süßen Passum verwendet. Antike Autoren nennen auch weitere Sorten, wie den leichten weißen Wein (*hydatodes*) und den süßen Theraios, der seinen Namen einer von Santorini nach Kreta importierten Rebsorte verdankte.

Inschriften im Heiligtum des Asklepios in Lebena (Südkreta) überliefern, dass der Gott der Heilkunst den Kranken mit Pfeffer gemischten Wein empfahl. An der heilenden Wirkung des kretischen Weins glaubten die antiken Mediziner fest und verwendeten ihn in vielen Rezepten. Der Naturkundler des 1. Jh. n. Chr., Plinius der Ältere, erwähnt ein Medikament gegen die Epilepsie, das aus Safran, Akaziensaft und kretischem Wein bestand; und der Arzt Alexandros von Tralleis wusste etwas später von einem Wundermittel gegen die Tuberkulose und weitere Lungenleiden zu berichten, das unter anderem Lauchsaft, süßen kretischen Wein und Honig enthielt. Auf den Export des kretischen Weins ist zu einem beträchtlichen Teil die wirtschaftliche Blüte Kretas unter der römischen Herrschaft zurückzuführen. Nicht jeder Weinhändler machte jedoch mit dem riskanten Geschäft ein Vermögen. Artemidor nahm in seine «Traumdeutungen» auch folgenden (Alp-)Traum auf: «Der Großkaufmann aus Kreta träumte, er wasche sich das Gesicht mit Wein, und es erklärte ihm ein Sachkundiger: ‹Du wirst mit Wein dein Geschäft machen und deine Darlehen wegspülen.› Es endete aber nicht so, sondern der Wein verdarb ihm, denn Waschwasser ist ungenießbar und zu nichts zu gebrauchen.»

Die Umorientierung der Wirtschaft, die wir am Beispiel des Exports von Heilpflanzen und Wein beobachteten, belegen auch archäologische Zeugnisse, wie ein großes Gebäude bei Pachyammos, das wahrscheinlich der Lagerung von Getreide für den Handel diente, und ebenso die in den Felsen gehauenen Zisternen in Koutsounari (Südkreta), wo verschiedene Fischsorten gezüchtet wurden, oder die Produktion einer besonderen Gattung von Tonlampen, die auch nach Kleinasien und Nordafrika exportiert wurden. Wichtige Impulse für diese Erneuerung kamen von den eingewanderten Italikern. Die Namen der wichtigsten Produzenten kretischer Lampen, die auf ihren Waren erscheinen, zeigen eindeutig den Ursprung dieser Werkstätten: Italien und insbesondere Kampanien.

7.4 Soziale Komplexität

In der hellenistischen Zeit verstand sich ein Kreter zuerst als Bürger seiner Polis, dann als Mitglied einer Phyle, eines Männerhauses, als Angehöriger einer sozialen Schicht und einer Familie – nur im Ausland auch als Kreter. Der entscheidende Identitätsfaktor der vorrömischen Zeit, das Bürgerrecht, verlor jedoch nun seine Bedeutung. Im römischen Kreta war es weder in rechtlicher noch in ideologischer Hinsicht wichtig: Die Poleis waren keine souveränen Staaten mehr, und das Ende ihrer Kriege bedeutete auch das Ende eines kämpferischen Lokalpatriotismus. Die einheitliche Verwaltung durch den Statthalter, die große Mobilität, die Verleihung des römischen Bürgerrechtes an viele Kreter und die wirtschaftlichen und sonstigen Verbindungen unter Personen aus unterschiedlichen Städten machten es weniger wichtig, ob jemand Gortynier, Hierapytnier oder Lyttier war. Die Kreter der Kaiserzeit definierten sich primär aufgrund ihres Standes.

Es ist nicht erstaunlich, dass die meisten Quellen vom Leben der Oberschicht künden. Öffentliche und private Inschriften machen uns mit Männern und – jetzt endlich auch – Frauen bekannt, die aufgrund ihrer aus wirtschaftlicher Macht resultierenden Leistungen eine prominente Stellung einnahmen: mit Männern, wie dem Hohen Priester des Kretischen Koinon, Soarchos, der den Gortyniern eine Wasserleitung stiftete (1. Jh.), oder T. Flavius Volumnius, der als Hoher Priester die Kosten für derart aufwendige Gladiatorenspiele und Tierkämpfe übernahm, dass die Genehmigung des Kaisers erforderlich war, oder mit Frauen wie Flavia Philyra, die den Tempel der ägyptischen Götter in Gortyn erbauen ließ. Schon seit archaischer Zeit war die Gesellschaft Kretas aristokratisch. Im römischen Kreta beobachtet man aber die Herausbildung einer die gesamte Insel erfassenden Elite, die vor der Befriedung und Vereinigung Kretas unmöglich war. Die Mitglieder der oberen sozialen Schichten der verschiedenen Poleis unterhielten freundschaftliche Beziehungen untereinander, sie wurden in fremden Städten geehrt oder führten dort Bauprojekte durch.

Nur wenigen lokalen Honoratioren war eine Reichskarriere beschieden, vielleicht wegen der geringen politischen und strategischen Bedeutung Kretas für das Imperium Romanum. Erst in der zweiten Hälfte des 2. Jh. n. Chr. wurde ein Kreter, L. Flavius Suplicianus Dorion Polhymnis aus Hierapytna, in den Senat aufgenommen; der Schwiegervater von Kaiser Pertinax (192–193 n. Chr.), L. Flavius Sulpicianus, war vielleicht sein Bruder. Die Familie fiel vermutlich den Säuberungen, die auf die Ermordung des Kaisers folgten, zum Opfer. Bis zum 4. Jh. ist kein weiterer kretischer Senator zweifelsfrei bezeugt.

Während der 400 Jahre, die zwischen der Aufrichtung der Gesetzestafeln mit dem Recht von Gortyn und der römischen Eroberung liegen, fehlen private Inschriften – mit Ausnahme

Abb. 12: Der Grabstein des Kreters Theander, der nach 26 Jahren Dienst in der römischen Armee mit 45 Jahren in Mainz starb (1. Jh. n. Chr.)

der Grabsteine – fast völlig. Dagegen wird die kaiserzeitliche Epigraphik Kretas von Texten privaten Charakters dominiert, die uns eine Vielfalt von sozialen Positionen und Beschäftigungen vor Augen führen. Die prominentere Rolle der Frauen in der Öffentlichkeit gehört zu den augenfälligen Veränderungen.

Von Flavia Philyra, die den Tempel der ägyptischen Götter in Gortyn erbauen ließ, war bereits die Rede. Eine gewisse Ago in Hierapytna gründete einen privaten Verein (*sodalitas*). In Arkades regelte ein Beschluss der Kosmoi und der *Oikonomoi* (Finanzbehörde?) die Öffnungszeiten eines öffentlichen Bades, das getrennt von Frauen und Männern besucht werden durfte; in Gortyn wachte eine Sittenbehörde (*gynaikonomoi*, die Aufseher der Frauen) über das sittliche Betragen der Frauen, gerade weil sie jetzt häufiger in der Öffentlichkeit auftraten.

Der Bruch mit den Traditionen erfolgte freilich nicht radikal. Obwohl die kretischen Städte keine Armee mehr unterhielten, blieben die kretischen Bogenschützen auch in der Kaiserzeit eines der wichtigsten «Exportprodukte» der Insel. Neben einzelnen Kretern, die in Einheiten von Bogenschützen dienten, existierte seit dem späten 1. Jh. n. Chr. auch eine *Cohors I Cretum*, die an der Donaugrenze diente, und eine *Cohors II Cretum* war im 4. Jh. in Jordanien stationiert. Dem einen oder anderen Besucher des Landesmuseums Mainz wird vielleicht schon einmal der Grabstein des Kreters Theander aufgefallen sein, der nach 26 Dienstjahren im Römischen Heer im Alter von 45 Jahren als Feldwebel in Mainz starb (Abb. 12).

7.5 Kulturelle Komplexität und Kulturbrüche

Welche Auswirkungen hatte nun die römische Eroberung auf Kreta? Oberflächlich betrachtet, vermittelt das römische Kreta den Eindruck einer völlig integrierten Provinz, etwa im Erscheinungsbild der Städte und in neuen Bauformen, in der Kunst, in der gelegentlichen Verwendung der lateinischen Sprache in öffentlichen, seltener in privaten Inschriften, selbst in den Formen der Unterhaltung, z. B. in den Gladiatorenkämpfen. Das römische Kreta war kosmopolitisch und unterhielt enge Kontakte zu anderen Regionen, und dies veränderte das kulturelle Gesicht der Insel radikal und in vielfältiger Weise, ohne jedoch alte Traditionen völlig zu verdrängen. Denn bei genauer Betrachtung entdeckt man auch Zeichen eines Konservatismus, manchmal sogar eines bewussten Versuchs, alte Traditionen wieder ins Leben zu rufen.

Besucht man heute die Ruinenstädte des römischen Kreta, die gut ausgegrabene Stadt Gortyn oder die hinter Bäumen schwer erkennbaren oder in modernen Häusern versteckten Ruinen Lappas, so findet man das, was man in den meisten kaiserzeitlichen Städten sieht: Eine prominente Stellung nehmen imponierende Bauten für Konzerte und Schaustellungen ein, etwa das Odeion und die drei Theater in Gortyn (Abb. 13) oder das Theater in der kleinen Hafenstadt Lisos; Theater sind in vielen Städten lokalisiert worden, z. B. in Aptera, Elyros, Chersonesos, Gortyn, Hierapytna, Lyttos, selbst auf der kleinen Insel Leuke. Aus dem vorrömischen Kreta sind uns jedoch keine Theater mit Sicherheit bekannt. Nichts zeigt so deutlich die kulturellen Auswirkungen der römischen Eroberung wie die Einführung von Schaustellungen, die auf Kreta vor der römischen Eroberung kaum eine Rolle spielten. Dramatische Aufführungen, akrobatische Darbietungen fahrenden Volks, Pantomime und Konzerte waren für das römische Kreta eine kulturelle Innovation.

Der antike Besucher einer Stadt im römischen Kreta würde auch weitere Bautypen ausmachen, die früher unbekannt waren. Die Hauptstadt der Provinz bot nun neben dem Statthalterpalast und den erwähnten drei Theatern sowie dem Odeion

Abb. 13: Das Odeion von Gortyn

ein Amphitheater, ein großes Gymnasium, den Tempel der ägyptischen Götter und zwei monumentale Brunnenhäuser (Nymphaea). Die Wasserleitung von Lyttos, die von den Bergen von Lassithi Wasser bis zum Hafen Chersonesos brachte, kann heute noch in einer Länge von mehr als 15 km verfolgt werden (Abb. 14). Weitere Aquädukte sind in Gortyn und Lappa bekannt. Prachtvolle Villen (z.B. Makrygialos) waren mit Badeanlagen ausgestattet. Der bunte Marmor, der in der Architektur vielfach Verwendung fand und als Luxusware aus den Steinbrüchen des ganzen Ostens – von Thessalien bis Nordafrika und von Athen bis zum Marmara-Meer – importiert wurde, zeugte vom großen Reichtum. Gut ausgebaute Straßen durchzogen das Territorium vieler alter Poleis; lateinische Inschriften erklärten, dass diese Straßen von römischen Beamten oder aus Mitteln des Heiligtums von Diktynna restauriert worden waren. Marmorne Sarkophage mit bildlichen Darstellungen unterschieden sich nicht von jenen anderer kaiserzeitlicher Regionen des Reiches; sie waren ja oft in den großen Werkstätten von Athen und Italien

Abb. 14: Die Wasserleitung von Lyttos bei Kastamonitsa

angefertigt und nach Kreta importiert worden. Statuen – eine im hellenistischen Kreta kaum vertretene Kunstgattung – wurden von Künstlern aus Aphrodisias, Athen und Paros signiert. Die kretischen Mosaike, welche Tempel, Villen, Bäder, öffentliche Bauten und die Speisesäle privater Häuser schmückten, waren das Werk zugewanderter wie lokaler Künstler. Und in großen Städten wie Gortyn oder Lyttos bewunderte man die Statuen von Kaisern, Wohltätern, Beamten und Statthaltern. Nichts hiervon ist im vorrömischen Kreta bekannt, nichts hiervon wäre im vorrömischen Kreta möglich gewesen. Das Fehlen einer Zentralgewalt machte gemeinsame Bauprojekte unmöglich; die Bürger ragten durch kriegerische Leistungen hervor, nicht durch Wohltaten für das Gemeinwesen.

Doch dieser erste Eindruck der Uniformität täuscht. Das römische Kreta war nicht weniger als andere römische Regionen durch Gegensätze geprägt, die sich einerseits aus den unterschiedlichen Traditionen der Einheimischen und der Einwanderer erklären, andererseits das Ergebnis der neuen sozialen

Differenzierung darstellen. Auch wenn die fremden Bevölkerungsgruppen im Laufe des 2. Jh. n. Chr. völlig assimiliert wurden – lateinische Inschriften privaten Charakters verschwinden völlig –, hatten sie dennoch in der ersten Phase nach ihrer Ankunft einige Veränderungen bewirkt.

Von den unterschiedlichen Wurzeln der Bevölkerung des römischen Kreta war bereits die Rede. Neben den Kolonisten von Cnosus kamen nun in kleineren Gruppen auch Zuwanderer aus Italien und Griechenland, Kleinasien und Nordafrika, später aus Makedonien auf die Insel. Auch Juden sind auf Kreta seit dem 1. Jh. v. Chr. gut bezeugt; vermutlich kamen sie aus der Kyrenaika und Ägypten. Diese Zuwanderer brachten auch ihre eigenen Traditionen: die Juden eine monotheistische Religion, die italischen Kolonisten die lateinische Sprache, die zumindest in Cnosus bis ins 2. Jh. n. Chr. eine sehr große Rolle spielte. Die Zuwanderer aus Kampanien brachten die Produktionsmethoden der großen Ländereien mit – es ist vielleicht kein Zufall, dass einer der ersten Statthalter Kretas (Cn. Tremellius Scrofa, 50 v. Chr.) ein von dem Agrarschriftsteller Varro geschätzter Spezialist der Landwirtschaft war. Die römischen Handwerker und Händler kamen nicht nur mit technischem Knowhow – etwa für die Herstellung von Bildlampen –, sondern auch mit der Vorliebe für Schaustellungen; so ist es sicherlich kein Zufall, wenn die ersten Schauspieler, die wir in Kreta nachweisen können, römische Bürger waren: der Pantomime L. Furius Celsus und der komische Schauspieler Babullius.

Die Zuwanderer brachten aber ferner Kulte mit, die im ganzen römischen Reich seit dem 2. Jh. v. Chr. beliebt waren. Die ägyptischen Kulte waren bereits in hellenistischer Zeit in Gortyn und Itanos eingeführt worden, ihre größte Verbreitung fanden sie jedoch erst in der Kaiserzeit. In Gortyn wurde im 2. Jh. n. Chr. mit Mitteln der Flavia Philyra und ihrer Söhne ein großer Tempel der ägyptischen Götter erbaut. Zu den neu eingeführten Göttern zählen auch der jüdische Gott, der vom Judentum beeinflusste Kult eines «Höchsten Gottes» (*Theos Hypsistos*) und der Gott der Christen. Die neuen Kulte und Religionen verdrängten die alten nicht, indem sie aber eher zentralen Bedürfnissen der Menschen jener Zeit entsprachen, genossen sie bald größere Beliebtheit.

Anders als in der hellenistischen Religion Kretas, die durch die hervorragende Bedeutung von Schutzgöttern des Gemeinwesens und seines Territoriums gekennzeichnet war, spielten im römischen Kreta jene Götter die wichtigste Rolle, die das Individuum beschützen: Götter der Mysterienkulte, deren Initiationsrituale dem Einzelnen Schutz im Leben und Glückseligkeit nach dem Tod verhießen, oder Heilgötter wie Asklepios, dessen Kultstätten in Lebena und Lisos zu den wichtigsten Heiligtümern Kretas wurden. Hunderte von Pilgern (nicht nur aus Kreta) suchten in Lebena Heilung, und die dort aufgestellten Weihinschriften mit Berichten von Heilungswundern lassen auf einen Einfluss der zeitgenössischen Medizin auf das sakrale Heilverfahren schließen.

Wenn der uralte Kult des Zeus in der Idäischen Grotte wieder belebt wurde, so liegt dies zum Teil in den dortigen Mysterien begründet, welche vermutlich durch ein «reines Leben» im Diesseits die Erlösung von Leiden im Jenseits versprachen, zum Teil aber auch in der Bedeutung dieses Kultes für die lokale kretische Identität. Den gleichen Charakter hatte auch der Kult Diktynnas in Westkreta. Das Diktynnaion war eines der reichsten Heiligtümer Kretas; hier wurde auch der größte Tempel Kretas in hadrianischer Zeit (117–138) erbaut. Einiges spricht dafür, dass sowohl das Diktynnaion als auch die Idäische Grotte pankretische Heiligtümer unter Aufsicht des Koinon der Kreter waren.

Der wichtigste neue Kult aber war kein Götterkult, sondern der Kult des Kaisers. Wie in den anderen Provinzen empfing auch auf Kreta der Kaiser sowohl zu Lebzeiten als auch nach seinem Tod Ehrungen (Opfer und Feste), die ihn den Göttern gleichstellten. Der Geburtstag des Kaisers war vielleicht das einzige Fest, das im ganzen Reich von Britannien bis zum Euphrat am gleichen Tag gefeiert wurde und damit besonders deutlich die Einheit des Reiches zum Ausdruck brachte – auf der Insel Kreta war dies zugleich der deutlichste Ausdruck ihrer Zugehörigkeit zum Reich. Am besten ist uns der Kaiserkult in Lyttos überliefert, wo in einem Vorraum des Rathauses eine Reihe von Basen von Kaiserstatuen gefunden wurde. Die Inschriften auf diesen Basen zeigen, dass die Stadt jedes Jahr zum Geburtstag des Kaisers ein Fest organisierte und je eine neue Statue des Kaisers, manchmal auch eines weiblichen Mitgliedes der kaiserlichen Familie, aufstellte.

Trotz der Integration ins Reich und trotz der Förderung einer «pankretischen» Identität durch das Koinon der Kreter, ist im Laufe der Zeit eine wieder steigende Tendenz zum Lokalpatriotismus zu beobachten. Individuen und Gruppen finden sich nicht leicht in großen Einheiten wieder – eine Erfahrung, die auch die modernen Europäer machen. Der Kosmopolitismus und die Nivellierung der Partikularitäten rufen stets Gegenreaktionen hervor, so auch im römischen Kreta. Zur gleichen Zeit, da das Kretische Koinon mit seinen Münzen, Festen und Spielen eine gesamtkretische Identität prägte, versuchte ein Bürger in Lyttos, die längst abgeschafften Syssitien wiedereinzuführen – sie fanden allerdings jetzt nicht täglich, sondern nur noch anlässlich zweier Feste statt; das entsprechende Dokument benutzt noch, als bewussten Archaismus, die alte Bezeichnung der Unterabteilungen der Bürgerschaft als *startoi*. Immer wieder wurde der alte dorische Dialekt verwendet, und Epigramme erinnerten an lokale Mythen. Gerade in einer Zeit imperialer «Globalisierung» sollten neu entdeckte oder neu belebte Traditionen die lokale Identität stützen.

7.6 Die Spätantike und die Christianisierung

Die Übernahme der Herrschaft durch Diokletian (284 n. Chr.) und seine Verwaltungsreformen stellen eine Zäsur in der Geschichte des römischen Reiches dar. Sieht man von der Trennung Kretas von Kyrene und der Bildung einer neuen Provinz, die nur aus der Insel bestand, ab, so überwiegt der Eindruck der Kontinuität. Auch die Ankunft des Christentums, bereits im 1. Jh., bedeutete zunächst keinen wesentlichen Einschnitt.

Die Christianisierung Kretas begann um 61 n. Chr. mit der Ankunft des in Seenot geratenen Schiffes des Paulus am kleinen

Hafen von Kaloi Limenes, wo er sich einige Tage aufhielt. Der Apostel besuchte die Insel ein zweites Mal (62 oder 63), und das Ergebnis seiner Tätigkeit, unterstützt von Titos, dem ersten Bischof Kretas, war die Organisation der ersten christlichen Gemeinden angeblich in neun Städten, was allerdings eher unwahrscheinlich ist. Vielleicht waren die Umstände der ersten Ankunft des Apostels ein Vorzeichen für die Schwierigkeiten des Christentums, sich auf der Insel zu etablieren. Abgesehen davon, dass die ersten Christen Kretas wegen dogmatischer Konflikte gespalten waren, verehrte man hier lieber in Zeus einen Gott, der jedes Jahr starb und wiedergeboren wurde.

Im veränderten Verwaltungsrahmen des spätantiken Reiches wurde Kreta zunächst von einem *Praeses* (Statthalter) mit dem Rang eines Ritters verwaltet und war Teil der Diözese von Moesia. Konstantin der Große wertete die Provinz auf, indem er sie einem *Consularis* (Senator) unterstellte. Ab dem späten 4. Jh. gehörte Kreta (aber nicht seine Kirche) dem östlichen Teil des Reichs an, und sein Schicksal war mit jenem des Byzantinischen Reichs verbunden. Nur die Kirche Kretas war bis zum 8. Jh. dem Papst in Rom und seinem Vicarius in Thessalonike unterstellt.

Politische Ereignisse sind vor der Zeit der wiederholten arabischen Angriffe (ab der Mitte des 7. Jh.) kaum bekannt. Von den Einfällen der Barbaren und den Kriegen, die andere Provinzen plagten, blieb Kreta weitestgehend verschont, sieht man von vereinzelten Plünderungszügen der Goten (268 n. Chr.), der Vandalen (457 n. Chr.) und der Slaven (612? und 623 n. Chr.) ab. Die Kräfte der Natur waren weniger gnädig. Eine Reihe verheerender Erdbeben (365, erste Hälfte des 5. Jh.s und 467/468 n. Chr.) verursachten nicht nur große finanzielle Probleme, sondern veränderten auch die Insel selbst: Durch den Anstieg des Meeresspiegels im Osten versanken mehrere Städte (z. B. Olous) im Meer, während die Insel im Westen angehoben wurde.

Die Spätantike stellte zudem eine Periode tief greifender Veränderungen der Gesellschaft dar. Die soziale Mobilität, welche für die Kaiserzeit charakteristisch ist, wurde durch die Herausbildung erblicher Positionen in der Landwirtschaft, im von Berufsvereinen dominierten Handwerk und in der Verwaltung eingeschränkt. Inwiefern diese Entwicklungen auch Kreta erfassten, lässt sich nicht sagen; schriftliche Quellen fehlen uns hier vollständig. Die archäologischen Feldforschungen (Surveys) werden vielleicht in Zukunft zur Klärung dieser Frage beitragen, etwa durch die Feststellung von Veränderungen in den Agrarstrukturen (Siedlungsdichte, Verteilung von Gehöften, Indizien für Großgrundbesitz). Den archäologischen Untersuchungen verdanken wir auch Informationen über die Handelskontakte Kretas, vor allem mit Zypern, Syrien und Palästina.

Unter den neuen Entwicklungen lässt sich nur die Christianisierung Kretas etwas besser verfolgen. Das Edikt des Kaisers Galerius (311 n. Chr.) setzte den Christenverfolgungen, die auch auf Kreta Opfer gefordert hatten (250 und 304 n. Chr., vielleicht auch schon im 2. Jh.), ein Ende, eröffnete aber zugleich auch eine lange Phase der Konkurrenz unter den Christen, den Juden und den Verehrern der traditionellen Götter.

Auch wenn das Christentum die tatkräftige Unterstützung Konstantins des Großen erfuhr und am 8. November 392 jeglicher nichtchristlicher Götterkult untersagt wurde, setzte sich die neue Staatsreligion auf der Geburtsinsel des Zeus nicht so bald durch. Zwar sind im 4. und 5. Jh. Bischöfe in mehreren Städten (Chersonesos, Gortyn, Eleutherna, Hierapytna, Kisamos, Knossos, Kydonia, Lappa, später auch in Arkades, Kantanos Seteia, Sybrita) bezeugt – der berühmteste unter ihnen ist der Hl. Myron von Rhaukos, Bischof von Gortyn. Aber die Tatsache, dass kaum eine der rund 70 bekannten frühchristlichen Kirchen vor ca. 450 erbaut wurde, lässt eher auf einen langsamen Prozess schließen. Eine der frühesten Basiliken wurde in Eleutherna ausgegraben; ihr Erbauer war der Bischof Euphratas (ca. 430–450 n. Chr.; Abb. 15).

Die religiöse Zugehörigkeit großer Teile der Bevölkerung lässt sich schwer ermitteln, und die Existenz eines Bischofs gibt keine Information über die Größe seiner Gemeinde. Zumindest in der Oberschicht gab es bis ins späte 4. Jh. Anhänger der alten Religion.

Abb. 15: Die Bischofsbasilika von Eleutherna (ca. 450 n. Chr.)

Eines der interessantesten Zeugnisse ist das von Plutarch, Statthalter der *provincia Insularum*, geweihte Epigramm im Hera-Heiligtum in Samos: Plutarch, wahrscheinlich ein Freund des letzten heidnischen Kaisers Julian (361–363), berichtet, dass er unmittelbar nach seiner Ernennung zum Statthalter die Idäische Grotte auf Kreta aufsuchte und dort ein blutiges Opfer für Zeus darbrachte. Die Kultgrotte des Zeus muss also noch um 360 n. Chr. eine beträchtliche Anziehungskraft gehabt haben. Noch später, um 380 n. Chr., war der Statthalter Kretas (und zuvor Kariens?), Oikoumenios Dositheos Asklepiodotos, Freund des prominenten heidnischen Senators Agorius Praetextatus, ein Verehrer der alten Götter. Erst der Bau von vielen Basiliken zwischen ca. 450–550 n. Chr. und die wachsende Zahl christlicher Grabinschriften belegen, dass sich bis zur Regierungszeit Justinians und dem endgültigen Verbot der griechischen Religion das Christentum stark verbreitet hatte.

Machte die Einnahme Ägyptens durch Oktavian, den späteren Augustus, im Jahre 30 v. Chr. Kreta zum Mittelpunkt des befriedeten östlichen Mittelmeers, so wurde die Insel durch die arabische Eroberung Nordafrikas (ab ca. 640) plötzlich zu einem Grenzposten des Reiches. Die zwei Jahrhunderte der arabischen Angriffe bis zur Eroberung der Insel durch die Araber um 820 waren nur das Vorspiel einer langen Leidensgeschichte, die von Angriffen, wechselnder Fremdherrschaft und blutiger Unterdrückung von Aufständen geprägt wurde. Diese zu erzählen – oder aber auch den kulturellen Kontext, der eine byzantinische Renaissance, einen El Greco und die Anfänge des neugriechischen Theaters auf Kreta hervorbrachte –, liegt jedoch jenseits des Darstellungsrahmens dieses Buches und der Kompetenz seines Autors.

Ausgewählte Literatur

Für die Bronzezeit erscheint im *American Journal of Archaeology* regelmäßig eine «Review of Aegean Prehistory». Die Bände der Reihe *Aegaeum* (Liège) sind zentralen Themen der minoischen Geschichte und Archäologie gewidmet. Für die historische Zeit sind die Inschriften die wichtigste Quelle; Bibliographien zu neuen Texten und Interpretationen findet man im jährlich erscheinenden *Supplementum Epigraphicum Graecum* (Leiden u.a. 1922–).

Allgemeine Werke

A. Chaniotis (Hg.), From Minoan Farmers to Roman Traders: Sidelights on the Economy of Ancient Crete, Stuttgart 1999

J. W. Myers/E. E. Myers/G. Cadogan (Hgg.), An Aerial Atlas of Ancient Crete, Berkeley 1992

J. D. S. Pendlebury, The Archaeology of Crete: An Introduction, London 1939

1. «Ein Berg im Meer»: Die geographischen Grundlagen der Geschichte und Wirtschaft Kretas

O. Rackham/J. A. Moody, The Making of the Cretan Landscape, Manchester 1996

2. Im Morgenlicht der Geschichte: Die minoische Hochkultur

P. P. Betancourt, Introduction to Aegean Art, Philadelphia 2007

M. Bietak (Hg.), Die Beziehungen zwischen Ägypten und der minoischen Welt, Wien 1996

M. Bietak und Ernst Czerny (Hgg.), The Synchronisation of Civilisations in the Eastern Mediterranean in the Second Millennium BC, II, Wien 2007.

K. Branigan, Pre-Palatial. The Foundations of Palatial Crete, Amsterdam 1988 (2. Auflage)

K. Branigan, Dancing with Death. Life and Death in Southern Crete c.3000–2000 B. C., Amsterdam 1993

S. Cappel u.a. (Hgg.), Minoan Archaeology. Perspectives for the 21st Century, Louvain-la-Neuve 2015

E. H. Cline, The Oxford Handbook of the Bronze Age Aegean (ca. 3000–1000 BC), New York 2010

E. H. Cline, Sailing the Wine-Dark Sea: International Trade and the Late Bronze Age Aegean, Oxford 1994

J. Driessen u. a. (Hgg.), Monuments of Minos: Rethinking the Minoan Palaces, Liège 2002
O. Dickinson, The Aegean Bronze Age, Cambridge 1994
J. M. Driessen/C. F. MacDonald, The Troubled Island. Minoan Crete before and after the Santorini Eruption, Liège 1997
R. Hägg/N. Marinatos (Hgg.), The Function of the Minoan Palaces, Stockholm 1987
F. Höflmayer, Das Ende von SM IB: Naturwissenschaftliche und archäologische Datierung. *Egypt and the Levant* 18, 2008, 157–171
S. W. Manning, A Test of Time and A Test of Time Revisited: The Volcano of Thera and the Chronology and History of the Aegean and East Mediterranean in the mid-second Millennium BC, 2. Auflage, Oxford 2014
J. C. McEnroe, Architecture of Minoan Crete: Constructing Identity in the Aegean Bronze Age, Austin 2010
M. L. Moss, The Minoan Pantheon, Oxford 2005
D. Panagiotopoulos, Das Tholosgrab E von Phourni bei Archanes. Studien zu einem frühkretischen Grabfund und seinem kulturellen Kontext, Oxford 2002
P. Rehak (Hg.), The Role of the Ruler in the Prehistoric Aegean, Liège 1995
Y. Sakellarakis/E. Sapouna-Sakellaraki, Archanes. Minoan Crete in a New Light, Athen 1997
K. Sbonias, Frühkretische Siegel. Ansätze für eine Interpretation der sozial-politischen Entwicklung auf Kreta während der Frühbronzezeit, Oxford 1995
C. W. Shelmerdine (Hg.), The Cambridge Companion to the Aegean Bronze Age, Cambridge 2008
H. Siebenmorgen (Hg.), Im Labyrinth des Minos. Kreta – die erste europäische Hochkultur, Karlsruhe 2000

3. Die Einwanderung der griechischen Stämme

O. Dickinson, The Aegean from Bronze Age to Iron Age, London 2006
J. Driessen/A. Farnoux (Hgg.), La Crète mycénienne, Paris 1998
Y. Duhoux/A. Morpurgo Davies (Hgg.), A Companion to Linear B, Louvain 2008
K. Nowicki, Defensible Sites in Crete, Liège 2000
M. Prent, Cretan Sanctuaries and Cults, Leiden 2005

4. Brücke zwischen Orient und Hellas: Die kretische Renaissance

P. Blome, Die figürliche Bildwelt Kretas in der geometrischen und früharchaischen Periode, Mainz 1982
P. Demargne, La Crète dédalique, Paris 1947
H.-J. Gehrke, Gewalt und Gesetz. Die soziale und politische Ordnung Kretas in der Archaischen und Klassischen Zeit, Klio 79, 1997, 23–68
H. Hoffmann, Early Cretan Armourers, Mainz 1972

D. W. Jones, External Relations of Early Iron Age Crete, 1100–600 BC, Dubuque 2000

L. Sjögren, Cretan Locations. Discerning Site Variations in Iron Age and Archaic Crete (800–500 B. C.), Oxford 2003

5. Die erstarrte Insel: Staat und Gesellschaft in Kreta zwischen Utopie und Wirklichkeit

M. Gagarin und P. Perlman, The Laws of Ancient Crete, c. 650–400 BCE, Oxford 2016

E. Greco/M. Lombardo (Hgg.), La Grande Iscrizione di Gortyna, Athen 2005

R. Koerner, Inschriftliche Gesetzestexte der frühen griechischen Polis. Aus dem Nachlaß herausgegeben von K. Hallof, Köln–Weimar–Wien 1993

S. Link, Das griechische Kreta. Untersuchungen zu seiner staatlichen und gesellschaftlichen Entwicklung vom 6. bis zum 4. Jahrhundert v. Chr., Stuttgart 1994

Z. Papakonstantinou, Lawmaking and Adjudication in Archaic Greece, London 2008

P. Perlman, Crete, in M. H. Hansen/T. H. Nielsen (Hgg.), An Inventory of Archaic and Classical Poleis, Oxford 2004, 1144–1195

G. Seelentag, Das archaische Kreta. Institutionalisierung im frühen Griechenland, Berlin 2015

K. Sporn, Heiligtümer und Kulte Kretas in klassischer und hellenistischer Zeit, Heidelberg 2002

6. Die Pirateninsel: Kreta in der hellenistischen Welt

P. Brulé, La piraterie crétoise hellénistique, Paris 1978

A. Chaniotis, Die Verträge zwischen kretischen Poleis in der hellenistischen Zeit, Stuttgart 1996

H.v an Effenterre, La Crète et le monde grec de Platon à Polybe, Paris 1948

7. Kreta in der römischen Welt

T. Bechert, Kreta in römischer Zeit, Darmstadt/Mainz 2011

A. Chaniotis, What Difference Did Rome Make? The Cretans and the Roman Empire, in B. Forsén/G. Salmeri (Hgg.), The Province Strikes Back: Imperial Dynamics in the Eastern Mediterranean, Helsinki 2008, 83–105

A. Di Vita, Gortina di Creta, Rom 2010

M. Livadiotti/I. Simiakaki (Hgg.), Creta romana e protobizantina, Padua 2004

I. F. Sanders, Roman Crete: An Archaeological Survey and Gazeteer of Late Hellenistic, Roman, and Early Byzantine Crete, Warminster 1982

R. J. Sweetman, The Mosaics of Roman Crete. Art, Archaeology, and Social Change, Cambridge 2013

Abbildungsnachweise

Abb. 1: aus T. Hölscher (Hg.), Klassische Archäologie. Grundwissen, WBG, Darmstadt 2002, S. 102; *Abb. 2*: aus H. Siebenmorgen (Hg.), Im Labyrinth des Minos, Biering und Brinkmann, München 2000, S. 136, Abb. 115. *Abb. 3. 5*: aus J. A. Sakellarakis, Museum Heraklion. Illustrierter Führer durch das Museum, Ekdotike Athenon, Athen 1978, S. 70. S. 121, Abb. 98. *Abb. 4*: aus J. und E. Sakellarakis, Archanes, Athen: Ekdotike Athenon 1991, S. 150, Abb. 128. *Abb. 6*: aus J. Chadwick u. a., Corpus of Mycenaean Inscriptions from Knossos, Cambridge University Press, Cambridge 1986, S. 227 Nr.Sc230; *Abb. 7*: Hirmer Verlag, München; *Abb. 8. 9*: aus A. Lebessi, To hiero tou Herme kai tes Aphrodites ste Syme BiannouI. 1, Athen 1985, Taf.38. Taf.51; *Abb. 10*: aus A. Lebessi, Flagellation ou autoflagellation. Données iconographiques pour une tentative d'interprétation. Bulletin de Correspondance Hellénique 115, 1991, S. 105, Abb. 3; *Abb. 11.13.14. 15*: Archiv des Autors; *Abb. 12*: © GDKE_Ursula Rudischer (Landesmuseum Mainz). Die Karten auf den Umschlaginnenseiten wurden vom Autor gefertigt.

Register